아버지의 교육관이
사교육을 이기다

아버지의 교육관이 사교육을 이기다

발행일   2017년 01월 24일

지은이   이 규 호
펴낸이   손 형 국
펴낸곳   (주)북랩
편집인   선일영   편집   이종무, 권유선, 송재병
디자인   이현수, 김민하, 이정아, 한수희   제작   박기성, 황동현, 구성우
마케팅   김회란, 박진관
출판등록 2004. 12. 1(제2012-000051호)
주소   서울시 금천구 가산디지털 1로 168, 우림라이온스밸리 B동 B113, 114호
홈페이지 www.book.co.kr
전화번호 (02)2026-5777   팩스   (02)2026-5747

ISBN   979-11-5987-405-5 03370(종이책)   979-11-5987-406-2 05370(전자책)

이 도서의 국립중앙도서관 출판예정도서목록(CIP)은 서지정보유통지원시스템 홈페이지(http://seoji.nl.go.kr)와
국가자료공동목록시스템(http://www.nl.go.kr/kolisnet)에서 이용하실 수 있습니다.
(CIP제어번호 : CIP2017001478)

(주)북랩 성공출판의 파트너

북랩 홈페이지와 패밀리 사이트에서 다양한 출판 솔루션을 만나 보세요!
홈페이지 book.co.kr   1인출판 플랫폼 해피소드 happisode.com
블로그 blog.naver.com/essaybook   원고모집 book@book.co.kr

아버지의 교육관이 사교육을 이기다

이규호 지음

세 아들을 번듯한 엘리트로 키워낸 한 IT 전문가의 소신에 찬 자녀교육

북랩 book Lab

책을 내면서

저는 2014년에 정년퇴직을 했습니다.

지금 꿈에 그리던 고향으로 돌아와 전원생활을 하면서 평소에 갖고 있던 생각을 쓰게 되었습니다.

저는 우리 사회와 국가 발전을 가로막는 것이 사교육 열풍과 곳곳에 퍼져 있는 부정부패라고 늘 생각했습니다.

사교육 열풍을 잠재우고 부정과 부패 해소에 도움이 되지 않을까 하여 이 책 「아버지의 교육관이 사교육을 이기다」를 출간하게 되었습니다.

이 책이 우리 사회와 국가의 건전한 발전에 조금이나마 기여했으면 하는 바람입니다.

2017. 1. *Special* 이규호

차 례

I

학부모님께

사교육에 의존하지 않고도
자녀를 명문 대학에 보낼 수 있습니다

교육은 청소년의 미래뿐만 아니라 국가의 미래에도 매우 중요합니다. 이에 따라 대다수 선진국은 교육의 기회균등을 보장하기 위해 고등학교까지는 공교육제도로 운영하고 있습니다. 또한, 교과 수업은 거의 학교에서만 이루어집니다.

　그러나 우리나라의 경우에는 공교육이 제 역할을 다하지 못하고 있습니다. 그리고 공교육만으로는 제대로 준비할 수 없는 명문 대학교의 입시 논술과 구술 면접 때문에 그룹과외나 학원 등 사교육이 활성화되었습니다.

　초등학교 때부터 자녀의 특목고와 명문 대학 진학을 위해 영어와 수학 등을 과외 시킬 정도로 우리 부모님들의 교육

열은 세계 최고 수준입니다.

 그러나 이러한 사교육 열풍으로 공교육제도의 취지인 '교육에서의 기회균등'은 상실되었고 건강한 국가발전의 토대가 되는 청소년의 인성 교육이 소홀히 되었습니다. 이뿐만이 아닙니다. 과도한 사교육비 부담은 서민 가계에 고통을 주고 젊은 부부에게 출산을 기피하게 하며 노후준비를 제대로 할 수 없게 하는 등 우리 사회 전반에 심각한 병폐를 낳고 있습니다.

 신문이나 방송 등 언론매체마다 사교육을 받지 않으면 특목고나 의대와 명문 대학 진학은 거의 불가능한 것으로 보도합니다. 이것이 사교육을 부추기는 요인이 되기도 합니다. 또한, 옛날에는 개천에서 용이 났지만, 오늘날은 개천에서 용이 날 수 없다고 단언하므로 과외를 시킬 형편이 안되는 서민층을 낙담시키고 있습니다.

 최근에는 계층 간의 갈등을 일으킬 수 있는 수저 계급론까지 등장하여 저소득층 부모들에게 자괴감이 들게 하고 있습니다. 공교육 붕괴와 사교육 활성화는 부유층 자녀들의 명문 고등학교나 명문 대학교 진학에 당연히 유리합니다.

그러나 부모의 올바른 교육관과 인성 교육은 자녀 교육에서 소득계층 간의 영향을 충분히 극복하거나 줄일 수 있습니다. 비록 자녀가 명문 대학교에 진학하지 못한다 하더라도, 명문 대학교 출신 자녀보다 우리 사회에 더 필요한 훌륭한 인간이 될 수 있습니다.

저는 사교육을 받을 수 없는 서민층 자녀들도 얼마든지 특목고나 명문 대학에 진학할 수 있다고 생각합니다. 그리고 명문 대학교 진학보다 더 중요한 것이 인성 함양이라 주장하고 싶습니다. 지금 우리 사회와 국가가 필요로 하는 사람은 똑똑한 사람이 아니라 올바른 사람입니다.

저의 첫째 아들은 물리와 화학, 생물 과목의 정리가 잘 되지 않는다고 하여 고등학교 2학년 여름방학 동안 과학 분야에, 둘째는 수학 선생님의 예습 권유로 고등학교 1학년 여름방학 동안 수학 학원에 다녔으나, 셋째는 사교육을 받은 적이 없습니다. 세 아들의 사교육비가 총 20만 원도 들지 않았습니다(셋째의 중학교 때의 수학 인터넷 강의 3개월과 수학 방문학습지, 피아노 학원 제외). 저는 사교육에 의존하지 않았습니다.

한편, 저는 세 아들이 우리 사회에 만연한 불의와 부정부패에 물들지 않고, 이 사회에 이바지할 수 있는 인간이 되도록 세 아들의 인성 교육에 최선을 다했습니다. 세 아들이 현재까지는 올바르게 자라, 첫째는 법무법인 태평양 변호사, 둘째는 삼성병원 영상의학과 레지던트 3년 차, 셋째는 서울대 의학전문대학원 3학년에 재학 중입니다.

아무쪼록 저의 세 아들 교육 이야기가 귀 자녀의 인성 교육과 대학교 진학에 큰 도움이 되고, 우리나라 공교육의 정상화와 사교육 열풍을 잠재우는 데도 기여했으면 좋겠습니다.

II

세 아들 교육의 목표

—

올바른 인간으로 키우는 데 두었습니다

저의 자녀교육 목표는 세 아들이 올바른 인간이 되게 하고 가능한 한 적성에 맞는 일을 하게 하는 것이었습니다.

제가 생각하는 올바른 인간이란 정직하고 성실한 사람으로 남에게 피해를 주지 않고 어떠한 환경에서도 양심에 순응하고 정의를 추구하는 사람입니다.

이러한 사람으로 키우기 위해서는 제 역할을 다하지 못하는 학교나 사회가 아닌, 부모인 제가 세 아들에게 등대와 같은 역할을 해야겠다고 생각했습니다. 이 등대는 세 아들의 어린 눈과 지식으로는 볼 수 없는 먼 곳까지도 볼 수 있게 하는 것입니다. 그리하여 인생이라는 긴 항로의 종착역

까지 세 아들이 안전하고 즐거운 여정이 되도록 안내하는 것입니다.

저는 세 아들이 긴 여정에서 갖추어야 할 것이 자기발전과 행복 추구에 필요한 능력과 건전한 사회구성원이 될 수 있는 올바른 가치관이라 생각했습니다. 이를 위해 세 아들의 교육을 건강과 정직, 성실에 중점을 두었습니다. 건강은 일하는 데 기본적인 요소이고, 정직은 타인과 사회나 국가에 피해를 주지 않으므로 어떠한 사회 환경 속에서도 자유인으로 살 수 있게 합니다. 그리고 성실은 학업능력의 향상뿐만 아니라 어느 곳에 살든지 경제적 어려움을 겪지 않게 합니다.

III

저의 교육관

기본적인 교육이론의 실행입니다

자율적 공부

어떠한 일을 하든지 긍정적이고 자율적이며 기쁜 마음으로 하면 능률이 오르고 잘할 수 있으나, 의무적이거나 타율적 분위기 속에서는 신나지 않으므로 일의 효율성이 떨어지게 됩니다. 공부도 마찬가지입니다. 자발적인 공부가 효과적인 것은 실험적 연구보고서도 입증하고 있습니다.

인간의 심리가 타율적 일은 재미없다, 싫다, 자율적 일은 재미있다, 좋다로 받아들이기 때문에 자율적인 공부가 효과가 높은 것은 두말할 필요가 없습니다.

어린이들과 청소년들이 엄마가 공부하라는 말만 해도 공부하기가 싫어지고, 심해지면 엄마까지도 미워진다고 합니다. 엄마들이 자녀들에게 공부하라는 말을 가장 많이 한다고 합니다. 엄마의 잔소리에 어쩔 수 없이 공부한다면 그 효과는 반감될 뿐만 아니라 공부에 싫증을 느끼게 됩니다.

또한, 공부하라는 말을 해서 공부하는 것이 반복되면, 공부하라는 말을 하지 않으면 공부를 안 해도 되는 줄로 압니다.

타율은 집중력과 사고력을 저하시키나 자율은 집중력, 사고력, 창의력을 향상시킵니다. 그러므로 어릴 때부터 자기가 할 수 있는 일은 스스로 하는 습관을 길러주어야 합니다.

저는 세 아들이 공부에 대한 거부반응이 일어나지 않도록, 첫째가 초등학교 입학 때에 공부하라는 말을 하지 않고 키우기로 마음먹었습니다. 이에 따라 다음 날 시험이 있는데 놀고 있어도 공부하라고 말하지 않았습니다. 공부는 평소에 하는 것이지 시험 치기 직전에 하는 것이 아니라고 가르쳤고, 세 아들을 키우면서 공부하라는 말을 한 적이 없습니다.

둘째가 의사가 된 후에 엄마에게 아빠가 자기 공부에 무관심했는데 무관심한 것이 오히려 공부에 도움이 되었다고 했습니다. 아내로부터 중학교 때는 중상 성적, 고등학교 때는 최상의 성적임을 수시로 듣고 있었으나, 공부에 스트레스를 주지 않기 위해 공부와 학교성적에는 무관심한 체했을 뿐입니다.

주위 선배들의 자녀교육을 비교해 보고, 자녀 성적에 과도한 관심을 두는 자상한 아버지는 자녀교육에 성공하기 어렵다는 생각이 들었습니다.

시험성적이 목표한 대로 나오지 않으면, 자녀 스스로도 속이 상할 텐데 부모까지 아픈 것을 이야기하면 속이 더 상할 것입니다.

자녀들이 좋지 않은 성적을 부모님에게 보이는 것을 가장 괴로워합니다. 그래서 성적에 대해 말할 때는 자녀가 스트레스를 받지 않도록 주의해야 합니다.

아내는 세 아들이 학기 중간이나 학년 말 시험을 친 후, 잘 보았는지 물어보면 대답하기 힘들어해서, 몇 번 묻고는 더 물어보지 않았다고 합니다. 결과가 나올 때까지 무관심한 척하며 기다렸다고 했습니다.

셋째도 대학에 진학한 후에 엄마가 공부하라는 말을 하지 않아 열심히 했다는 이야기를 아내에게서 들었습니다. 엄마에게 왜 공부하라는 소리를 하지 않았는지 물었다고 했습니다.

아빠와 엄마의 지혜로운 교육방법을 몰랐기 때문입니다.

아들들이 도움을 요청하는 것에 대해 최선을 다해 도와주었으나 요청이 없으면 도와주지 않았습니다. 아들들의 창의성과 독창성을 가로막기 때문이었습니다.

다독 장려

부모님들이 자녀의 교과목에 관심을 두느라, 자녀의 독서에 대해 너무 소홀히 하는 것 같습니다. 그러나 책 읽기는 자녀교육의 출발점이며 성공의 주춧돌이 됩니다.

따라서 유아기부터 자녀들이 좋아하는 동화책을 많이 읽어주어 책 읽기의 재미와 흥미를 맛보게 해야 합니다. 어린 아이들은 엄마를 따라 하기 좋아하므로 엄마가 책을 가까이하면 자연히 자녀들도 책을 가까이하게 됩니다.

청소년과 마찬가지로 똥오줌을 못 가리는 유아기의 자녀들도 강압적인 것은 싫어하고 반항하므로 자연스럽게 책에 재미를 느끼게 하는 것이 부모의 지혜입니다. 자녀와 TV를 시청하는 것보다 책을 같이 보는 것이 현명한 부모의 모습입니다.

책이 자녀의 친구라면, 자녀교육은 이미 반쯤 성공한 것입니다.

독서는 어휘력을 길러주고 문장을 이해하는 데 큰 도움이 됩니다. 더 나아가 사고력과 논리력을 향상시켜 논술 작성을 잘하게 합니다.

또한, 독서는 다른 교과목의 내용도 정확하고 빨리 이해하게 합니다. 그러므로 어린 시절부터 책을 많이 읽게 해야 합니다. 그러나 욕심이 지나쳐 자녀가 이해하기 어려운 책을 읽도록 하면 책 읽기에 싫증을 낼 뿐만 아니라, 공부도 싫어하게 됩니다.

저의 어린 시절은 밤에 심심해서 주로 위인전과 삼국지 등을 읽고 또 읽었습니다. 읽을 책들의 종류가 많지 않았습니다.

오늘날은 어린 자녀의 독서를 방해하는 요소들이 너무 많습니다. 책보다 재미있는 수많은 다양한 게임, 친구들과의 채팅, 과중한 과외 등으로 독서할 시간이 없습니다. 자녀들이 책을 읽는다는 것만으로도 칭찬할 일입니다.

따라서 위인전, 탐험기, 추리소설, 공포소설, 판타지소설, 역사소설 등 자녀들이 좋아하는 책을 읽게 하면 됩니다. 첫째 아이는 집의 책장에 있는 위인전을 비롯한 모든 책을 읽고 또 읽었습니다.

둘째는 초등학교 시절 어린이 공포소설 구스범스(Goose-bumps)를 좋아해 총 62권 시리즈를 다 읽었습니다. 중학교 때는 판타지소설인 반지의 제왕, 해리포터 등을 즐겨 읽었습니다.

좋아하는 책을 읽다 보면, 내용을 빨리 이해하고 다양한 분야의 책들을 좋아하게 되어 관심 분야도 넓어집니다.

저는 셋째 아들의 언어능력과 영어 실력을 자연스럽게 높이기 위해 한 달에 한두 번, 재미있는 영한 혼용 단편 소설 (영어 듣기 테이프 포함)을 구매하여 책장에 꽂아 두고 심심할 때 읽거나 들어 보도록 했습니다. 한꺼번에 많이 꽂아 두면 싫증을 낼 수 있으므로 항상 두세 권을 구입했습니다.

아이들은 학원에 다니지 않으니 방과 후에 친구들을 만날 수 없어 심심하다는 말을 자주 하였습니다. 그래서 심심할 때 책을 읽도록 책장은 항상 아들들이 잘 볼 수 있는 거실 TV 옆에 배치했습니다. 방에 있는 책장을 거실로 재배치할 때, 왜 옮겨야 하냐고 아내가 물었습니다. TV를 보다가 프로그램이 재미가 없으면 책으로 관심을 돌리기 위해서라 설명했습니다.

대다수 수험생이 국어와 영어 등 수능 시험에서 시간이 부족하다는 말을 많이 합니다. 독서를 하면 각종 시험을 볼 때 시간이 부족한 문제를 해결하는 데 도움이 될 것입니다.

첫째는 미국에서 시간이 날 때 독서도 할 수 있는 도서관에서 자원봉사를 했습니다. 중학교를 졸업할 때는 다독상과 수학부문 대상을 받았는데, 저는 다독상이 더 기뻤습니다.

아내는 아들들의 독서를 위하여 일주일에 한두 번은 아파트 도서관에서 책을 빌렸습니다. 둘째가 의사의 길을 정한 것도 아내가 빌려온 의학 추리소설책을 읽은 영향이라고 했습니다.

셋째는 아파트 도서관에서 책을 대출받아 보기도 하고, 학부모 4, 5명이 교대로 책을 구입하여 돌려보기도 했습니다.

세 아들이 각자 원하는 길을 가는 것은 엄마와 아빠의 노력에 의한 다독이라고 확신합니다.

합리적 칭찬과 꾸중

'칭찬은 고래도 춤추게 한다'는 말이 있을 정도로 칭찬은 자녀들이 하는 모든 일에 활력소가 됩니다. 그러나 칭찬은 구체적이어야 하고 건성으로 해서는 안 됩니다. 자녀들이 왜 칭찬받는지 알아야 합니다. 자녀들이 납득하지 못하는 칭찬을 남발하면 오히려 부작용을 일으킵니다.

저는 세 아들의 시험성적을 몇 번밖에 보지 못했기에 성적 때문에 칭찬한 기억은 없습니다. 대신에 세 아들이 아는 문제를 실수하지 않는 것을 칭찬했습니다.

실수하는 것은 시험성적에 대한 강박관념으로 침착성을 잃었기 때문입니다. 시험에서 실수하지 않는다는 것은 그만큼 침착하다는 뜻입니다. 침착은 갑자기 어려운 일과 곤경에 처했을 때 당황하지 않고 슬기롭게 대처할 수 있게 하므로 어릴 때부터 길러주어야 합니다. 시험은 침착성을 길러주는 하나의 좋은 훈련이라 생각합니다.

자녀의 잘못을 꾸중할 때도 자녀가 납득할 수 있게 논리적이고 합리적으로 해야 합니다. 잘못에 대해 먼저 자녀의 설명을 들은 후, 구체적으로 무엇을 잘못했는지 가르쳐 주고 꾸중을 해야 합니다. 그래야만 똑같은 잘못을 반복하지 않게 됩니다. 때로는 꾸중할 일도 설명을 들으면 칭찬할 일로 바뀌기도 합니다.

둘째가 중학교 2학년 1학기 말에 60점대의 사회와 국사 과목의 성적을 당당히 보여 주기에 처음에 놀랐습니다. 아마 끝에서 몇 번째가 될 것이므로 담당 선생님께 대한 도리가 아니라는 생각이 들었습니다.

그러나 둘째는 역사에 나오는 인명이나 지명, 연대 등을 암기하는 것이 싫었고, 왜 해야 하는지 필요성을 느끼지 못하여 열심히 하지 않았다고 했습니다. 저는 둘째의 주장이 일리가 있다고 생각해서 나무라지 않고, 하기 싫은 것을 이만큼이나 한 것에 대해 칭찬해 주었습니다.

인명이나 지명 암기는 명문 고등학교나 명문 대학교 진학을 위해 필요한 것이므로 역사와 사회과목의 비중이 낮은 대학에 가면 된다고 했습니다. 아들의 명문 대학교 진학보다 적성을 중요하게 생각했기 때문입니다.

또한, 영어와 수학, 국어 등 기본과목에 대한 기초가 튼튼하니 나중에 꼭 필요하면 그때 하라고 했습니다.

첫째는 외국어 고등학교, 둘째는 일반 고등학교, 셋째는 과학고등학교에 다녔습니다. 제가 둘째에게 역사, 사회 등의 과목을 공부해야 한다고 했다면 둘째도 특목고등학교에 진학하지 않았나 생각됩니다.

저는 연구과제 책임자와 기획조사실장, 기획본부장을 역임하면서 아래 직원을 주로 칭찬을 했지 나무란 적이 없습

니다. 마음에 들지 않더라도 잘된 부분을 칭찬부터 하고 수
정할 부분을 이야기했습니다. 단, 제가 나무랄 경우는 오타,
특히 숫자 오타와 문맥이 맞지 않아 이해하기 어려웠을 때입
니다.

진정한 위로와 용기 부여

부모의 역할 중에 가장 중요한 것 중 하나는 자녀가 시련과 좌절에 빠졌을 때 위로해주고 다시 힘을 낼 수 있도록 용기를 부여하는 일입니다.

대부분 자녀들은 성장하면서 학교성적, 진학, 취업 시험 등으로 크고 작은 시련과 좌절을 한두 번은 겪게 됩니다. 그런데 자녀의 시련과 좌절을 치료할 수 있는 유일한 명약이 부모의 위로와 용기 부여입니다.

그러나 부모의 위로와 용기 부여가 명약이 되기 위해서는 자녀에게 받아들여져야 합니다. 위로와 용기 부여는 건성으로 하는 것이 아니라, 깊이 생각하여 대안까지도 제시할 수 있어야 합니다.

저는 세 아들이 각종 시험을 칠 때마다 떨어질 경우에 대비하여 항상 위로할 말과 아들이 용기를 낼 수 있도록 좋은 대안을 찾는데 많은 시간을 보냈습니다.

시련과 좌절, 절망은 자기 자신에 대한 성찰의 기회를 주고, 겸손하게 만들고, 남의 아픔도 이해하게 하므로, 아름답고 성숙한 삶을 위한 보약이 될 수도 있습니다.

지금까지 둘째와 셋째는 시련과 좌절을 겪어보지 않았으나 첫째는 몇 번의 작은 시련이 있었습니다. 그러나 사려 깊고 진정한 위로와 용기 부여로, 시련을 슬기롭게 잘 이겨냈다고 믿습니다.

공부 동기 부여

무슨 일이든 열심히 하는 데는 나름대로 이유가 있습니다. 구체적인 목적이나 필요성이 있다든지 아니면 재미나 흥미가 있기 때문입니다. 자녀들이 스스로 공부를 열심히 해야 하는 동기를 찾기가 어려울 뿐만 아니라, 부모로서 자녀에게 공부해야 하는 동기를 부여하는 것도 물질이 풍족한 오늘날은 어렵습니다. 옛날에는 배고픔을 직간접적으로 경험하기에 가난을 탈피하기 위한 수단으로 공부한 경우가 많았습니다.

자녀들이 독서와 사회현상을 통해 스스로 공부해야 하는 동기를 찾는 것이 가장 바람직하나, 앞서 말씀드린 바와 같이 재미있는 게임, 채팅, 스포츠 경기, 예능프로 등이 독서를 방해하고 사회현상에 관심을 가질 시간도 없습니다.

저의 경우에 세 아들에게 공부의 동기를 부여하기 위해 인성 교육과 다독을 중요시했습니다. 자녀들이 인성 교육을 통해 어떻게 살아야겠다는 삶의 방향과 목표가 정해지면 공부를 자율적으로 열심히 하게 될 것으로 판단했습니다.

장래의 꿈과 목표를 빨리 찾는 데 도움이 되도록 위인전, 발명가와 예술가의 전기, 식물도감 등을 사서 책장에 비치하였습니다.

첫째는 학원에 가는 대신에 책장에 있는 수백 권의 다양한 책을 모두 읽었습니다.

앞에서 말씀드렸지만 둘째 아들의 경우 중학교 2학년 때 아내가 도서관에서 빌려온 의학 추리소설을 읽고 의사가 되겠다는 생각을 하고, 열심히 공부한 것으로 알고 있습니다.

셋째는 읽은 책의 궁금증을 푸는 데 심심한 시간을 활용

하는 모습을 보았습니다. 초등학교 저학년 때부터 시간의 흐름에 따른 물질의 화학적 변화와 식물의 성장 과정 등에 호기심을 갖고 다양하게 실험하는 것을 보았습니다.

또한, 저는 세 아들에게 공부는 성인이 되어 너희들이 하고 싶은 일을 하기 위한 준비라고 가르쳤습니다. 지금 생각으로는 장래에 희망하는 직업을 갖는데 있어 열심히 공부할 필요성이 없을지라도, 자라면서 하고 싶은 일이 항상 변하기 때문에 그때를 대비하여 충실히 해야 하는 것으로 공부의 동기를 부여했습니다.

흔히 자녀에게 공부하게 하는 방법으로 성적이 올라가면 무엇을 해주겠다는 대가성의 동기부여는 일시적 효과는 있을지 모르나, 자녀가 원하는 것이 충족되면 동기부여가 될 수 없습니다.

원활한 소통

일반적으로 아들들은 아빠와 대화를 잘 하지 않는 것으로 알고 있습니다. 저의 집도 세 아들이 엄마와는 많은 대화를 하고, 제 곁에는 오지 않았습니다.

　엄마가 공부하라, 학원가라 하는 말이 없고 아들들이 먹고 싶은 음식을 만들어 주고 도움을 청하는 일만 해 주니 엄마가 얼마나 좋겠습니까? 사실 아빠가 자녀들에게 해 줄 수 있는 것은 같이 노는 것밖에 없습니다. 이것도 유치원, 초등학교 때 뿐입니다. 중고등학교에 올라가면 자녀들이 놀아 주는 것을 원하지 않습니다. 세 아들에게 주로 필요한 이는 엄마이기 때문에 엄마의 주위를 맴돌게 됩니다. 가만히 있으면 저절로 왕따가 됩니다.

그러나 자녀들의 올바른 교육을 위해 자녀들의 생각과 고민을 파악해야 합니다. 저는 세 아들의 내면 세계를 알기 위한 좋은 방법은 같이 쇼핑하는 것으로 판단했습니다. 쇼핑을 하면 이런저런 이야기를 나눌 수 있는 시간이 많기 때문입니다.

그래서 세 아들의 겉옷과 신발, PC, 휴대폰 등은 대부분 제가 사 주었습니다. 쇼핑을 갈 때는 특별한 경우가 아니면 아내를 동행하지 않습니다. 아들들과 대화할 시간을 많이 갖기 위해서입니다.

다음에도 같이 쇼핑하기 위하여 아들들이 원하는 이상의 물건을 사 줍니다. 그래서 엄마만 따르다가도 필요한 것들이 있을 때는 아빠와 같이 가기를 원했습니다. 엄마는 실용적인 것을 사 주지만 아빠는 원하는 것 이상을 사 주기 때문입니다.

아들들과 소통강화를 위해 배드민턴, 탁구, 헬스 등을 같이 하고, 간식도 종종 같이 먹었습니다. 소통이 잘 돼야 아들들의 생각과 고민도 알고 아들들도 아빠의 참사랑을 느끼게 됩니다.

자녀교육과 진로지도를 올바르게 잘하기 위해서는 먼저 자녀의 내면세계를 많이 알도록 노력해야 합니다.

IV

세 아들 인성 교육

—

일상생활 속에서 먼저 행하고 가르쳤습니다

필요성 :
원만한 사회생활

가정폭력이나 학교폭력, 자살, 흉악범죄 등이 발생할 때마다 방송과 신문 등 언론매체에서 인성 교육을 강화해야 한다는 전문가들의 의견을 보도합니다. 이에 따라, 인성 교육을 단지 범죄 예방 차원에서 필요한 것으로 인식되어 소홀히 하고 있습니다. 그러나 인성 교육은 이렇게 좁게 이해해서는 안 됩니다.

인성 교육은 사람의 성질과 됨됨이를 길러주는 것으로, 건축공사의 기초 골조공사에 해당되는 만큼 매우 중요합니다. 건축공사에서 외부에 드러나지 않는 기초 골조공사를 제대로 하지 않으면 내외장 공사를 아무리 잘하더라도 그 건축물은 불량 건축물이 됩니다. 마찬가지로 자녀들의 인성 교육이 제대로 되어 있지 않으면, 다양한 전문 지식을 갖고 외모가 출중하더라도 불량 자녀일 뿐입니다.

이러한 불량 자녀들은 원만한 사회생활을 할 수 없고 우리 사회에서 필요로 하는 가치 있는 사람이 될 수 없습니다.

대가족 사회에서 핵가족 사회로, 공동체 중심사회에서 개인 중심사회로 변화하면서 가정과 사회에서 인성 교육이 약화되고 있습니다. 그리고 치열한 입시경쟁으로 학교에서도 진학 과목에만 신경을 쓰고 인성 교육에는 큰 관심을 기울이지 않고 있습니다.

중요성 :
올바른 가치관 정립

인간은 사회적 동물이므로 건전한 사회생활을 영위하기 위해서는 사회 구성원 간의 예절, 공중도덕, 질서, 배려, 약속, 법의 준수 등 지켜야 할 기본사항들이 많이 있습니다. 이런 중요한 사항들을 인성 교육으로 배우고 실행해야 합니다.

인성 교육은 예절과 공중도덕, 법을 지키는 데 그치는 것이 아니라, 더 나아가 자녀들에게 올바른 가치관을 형성케 합니다. 또한, 진정한 행복의 의미를 깨닫게 하고 올바른 삶의 목표와 미래의 꿈을 설계하게 합니다. 뿐만 아니라, 인성 교육은 자녀들에게 공부를 열심히 해야 하는 필요성도 자연스럽게 알게 합니다.

소위 명문 대학을 나온 고위직 공무원, 정치가, 경영자들이 부정에 연루되어 처벌을 받고 있습니다. 이들의 부도덕과 부정행위의 일차적 책임은 본인에게 있지만, 이들의 부모에게도 일부의 책임이 있습니다. 부모가 자녀의 인성 교육을 소홀히 한 탓도 있기 때문입니다.

과일나무를 키워본 사람은 알고 있습니다. 나무에서 크고 맛있는 열매를 따기 위해서는 묘목일 때 정성을 다하여 필요한 물과 퇴비와 비료를 주고, 지주대를 세워 태풍 등 비바람에 견디게 하고, 가지치기하여 균형 있게 자라게 해야 합니다. 그러면 각종 병충해와 비바람을 이겨내고 크고 많은 열매를 맺습니다. 한 번 잘못 키운 묘목은 성목이 되어서 아무리 정성을 기울여도 병충해와 비바람에 약하여 열매가 부실합니다.

자녀들은 묘목과 같습니다. 어린 시절부터 정성을 다하여 자녀의 인성 교육에 힘쓴다면, 올바르고 훌륭히 자라, 이 사회에 만연한 부정과 부패를 거뜬히 이겨냅니다. 더 나아가 이 세상에서 필요한 빛과 소금의 역할을 하는 성공적인 삶을 영위할 것입니다.

방법 :
일상생활 속에서 먼저
행하고 가르침

인성 교육은 얼핏 생각하면 심오하고 모호한 것으로 여겨
지나 어렵게 생각할 필요는 없습니다. 그렇다고 결코 쉽다
는 뜻은 아닙니다. 자녀의 인성 교육에는 부모의 노력과 절
제가 필요하기 때문입니다.

그뿐만 아니라, 부정과 부패로 물든 사회지도층 인사들의
추방 등 사회적인 환경개선도 필요합니다. 사회의 저명인사
들, 지도층 인사들이 언론매체를 통해 인성 교육에 대해 좋
은 말씀을 많이 합니다. 그러나 사회지도층의 부정과 부패
가 만연한 속에서 청소년들의 인성 교육이 잘 되기가 어렵
습니다. 사회의 부정부패가 자라나는 어린이들과 청소년들
의 인성 교육을 크게 방해하고 있습니다.

인성 교육이란 일반적인 학문 교육과 다릅니다. 인성 교육은 가르치는 것보다 먼저 보이는 것입니다. 부모들이 자녀들에게 고운 말을 사용하라, 교통신호를 잘 지켜라, 약속을 잘 지켜라, 거짓말을 하지 말라 등을 가르칩니다. 먼저 부모가 행함을 보이고, 자녀들이 따라오게 해야 합니다. 부모가 행하지 않으면 아무리 가르쳐도 부모님의 말씀을 따르지 않습니다.

따라서 자녀의 인성 교육은 주의 깊게 해야 합니다. 부모의 말과 행동이 다르면 자녀에게 인성 교육을 하지 않는 것이 더 좋을 수도 있습니다. 왜냐하면, 부모의 언행 불일치는 자녀에게 부모에 대한 신뢰와 존경심을 잃게 하기 때문입니다.

자녀 인성 교육의 주체는 가정, 특히 부모입니다. 자녀들은 늘 같이 생활하는 부모의 영향을 가장 많이 받기에 부모의 일상생활이 자녀 인성 교육의 주요한 교재가 됩니다. 부모의 일상생활로 보일 수 없는 인성 교육은 직장에서나 사회에서 일어나는 다양한 유형의 사건들을 통해 가르쳐야 합니다. 자녀들이 성인이 된 후에도 인성 교육을 지속해서 해야 합니다.

저의 세 아들이 특별한 과외도 없이 착하고 공부를 잘했으므로 주변 사람들로부터 부모가 무슨 힘이 드느냐는 말을 종종 들었습니다. 맞는 말입니다. 그러나 세 아들의 올바른 교육을 위해 누구보다도 깊고 다양하게 인성 교육을 했습니다.

고운 말을 사용하고
거친 말을 하지 않았습니다

초등학생부터 청소년에 이르기까지 거친 언어와 욕설에 익숙해져 있는데, 주로 가정과 학교 친구들에게서 듣고 따라 하는 것입니다.

자녀가 말을 잘 듣지 않을 때나 자녀의 성적이 나쁠 때 자녀에게 고함을 치거나 험한 말을 하게 됩니다. 학교에서도 친구들이 장난삼아 하거나 욕구불만으로 하는 욕설을 듣게 됩니다.

이러한 주변의 환경으로부터 자녀들이 거칠고 폭력적인 언어를 자연스럽게 따라 하게 됩니다. 폭력적인 언어습관은 물리적 폭력으로 쉽게 발전됩니다. 오늘날 청소년들의 언어폭력과 흉악한 물리적 폭력이 언론매체를 통해 자주 전해지고 있습니다.

자녀들이 어릴 때부터 고운 말을 사용하도록 교육하는 이유 중 하나가 물리적 폭력을 예방하기 위해서입니다.

우리의 속담인 '세 살 적 버릇이 여든까지 간다'를 새겨 보아야 합니다.

청소년들의 욕설은 욕구불만과 스트레스의 배출구라고 합니다. 자녀들이 왜 심한 스트레스 속에서 살고 있는지 살펴보아야 합니다. 과도한 시험경쟁, 과도한 과외, 과도한 부모의 기대 탓이 아니겠습니까?

먼저, 자녀들의 욕구불만과 스트레스의 원인을 찾아 제거함으로써 난폭한 언어사용을 근원적으로 막아야 합니다.

자녀의 시험성적이 기대에 미치지 못하더라도 다음에 잘하면 된다고 용기를 주어야 합니다. 또한, 자녀의 장점을 찾아 칭찬하여 시험 스트레스에서 벗어나게 해 주어야 합니다. 시험에 대한 자녀들의 강박관념이 욕설의 주된 요인이 될 뿐만 아니라 자녀의 학업을 저해하기 때문입니다.

저는 세 아들에게 학원가라는 말을 하지 않았고, 시험성적을 보자고도 하지 않았습니다. 오히려 시험 기간에는 건강을 위해 일찍 자라는 말을 많이 하였습니다. 그래서인지 세 아들이 욕설과 거친 말을 하는 것을 거의 듣지 못했습니다.

세 아들을 키우면서 거친 말을 하거나 매를 들지는 않았지만, 손들게 하여 벌을 준 적은 있습니다.

집에서 형은 동생을 때리지 못하게 교육시켜, 두 동생이 형에게 맞은 적이 없습니다. 동생을 때리고 싶을 때는 먼저 아빠에게 이야기하도록 했습니다.

어릴 때 자기의 힘과 자기 판단에 따라 힘없는 동생을 때리면, 사회에 진출했을 때, 자기 힘과 자기 판단에 따라 약자나 부하를 함부로 할 수 있기 때문입니다. 오히려 첫째가 가진 장난감을 자주 동생에게 빼앗기게 하여 첫째에게 늘 미안했습니다.

공중도덕의 중요성을 설명하고
철저히 준수했습니다

부모들이 어린 자녀의 손을 잡고 무단횡단을 하거나, 자녀를 태우고 과속 운전하며 신호나 주정차를 위반하는 것을 종종 봅니다. 또한, 자녀들과 야외 놀이 후에 휴지와 쓰레기 등을 치우지 않고 귀가하는 경우가 많습니다.

어린 자녀들은 부모의 행동을 자연스럽게 답습하기 때문에 학교에서 아무리 잘 가르쳐도 효과가 없습니다. 자녀들에게 말로는 매일 가르치지만, 부모의 말과 행동이 다르면 부모로서 권위를 지킬 수 없습니다. 이에 따라 부모님의 말씀도 잘 듣지 않습니다.

공중도덕 준수는 건전한 사회 구성원이 되기 위한 필수 조건이며, 준법정신의 출발점입니다. 공중도덕이 사소하고 보잘것없이 보일 수도 있지만 잘 지키지 않을 때는 자신의 생명까지도 위협받을 수 있습니다. 나아가 성인이 되었을 때 일반 법규도 경시하게 되어 곤경에 처할 수 있습니다.

어린 자녀들과 야외활동 후에 귀가할 때는 귀찮더라도 자녀를 위해서 머문 장소의 음식 쓰레기, 휴지 등을 반드시 깨끗이 처리해야 합니다. '백문이 불여일견'이라고, 자녀들은 백 마디 말보다 한 번 보는 것에 영향을 더 많이 받습니다. 자녀를 바르게 키우기 위해서는 먼저 부모님이 올바르게 행해야 하며, 부모의 절제가 필요합니다. 양심과 법도 중요하지만, 자녀를 훌륭히 키우기 위해서입니다.

저는 교통질서를 지키는 것이 세 아들의 생명을 보호할 뿐만 아니라, 세 아들의 준법정신의 출발점이라 생각하여 철저히 지켰습니다.

우리나라의 높은 교통사고율은 부모가 자녀들에게 교통질서를 지키는 데에 모범을 보여 주지 않았고 지도도 소홀히 한 데 있다고 생각합니다.

아이들과 바깥나들이할 때마다 횡단보도와 건널목, 교통신호 등 교통질서를 지켜야만 하는 이유를 설명했습니다. 남에게 불편을 주지 않고 자기의 생명도 지키는 것이라고 가르쳤습니다.

어린이들이 아파트 단지 내의 주차 공간에서 공놀이나 자전거를 타다 생명을 잃는 이야기를 들을 때마다, 그것은 부모의 책임이라고 아들에게 교육했습니다. 판단력이 부족한 어린 자녀들을 아무 데서나 놀게 하는 것은 부모로서 자격 미달입니다. 종종 아내에게 아들들이 아파트 단지 내에서 자전거를 타지 않게 주의 주도록 했습니다.

젊은 부모님들이 어린 자녀들과 손잡고 무단횡단을 하는 것을 볼 때마다 저렇게 행동하면, 자녀들이 혼자 다닐 때 교통사고를 당할 위험이 크다고 가르쳤습니다.

제가 살던 아파트는 주차 공간이 많이 부족했습니다. 주차 공간이 있어도 앞서 주차한 운전자가 차선 안에 똑바르게 세우지 않아 주차 공간이 좁아 주차를 못 할 때를 자주 경험했습니다.

어느 날 저녁 아파트 주차장에 주차하려는데 선을 많이 걸

친 차 때문에 주차할 수 없어서 다른 장소에 주차했습니다.

아파트 경비실에 주차선 위반 차를 바로잡으러 가는 길에 직장 후배를 만났습니다. 그 차가 바로 후배의 차였습니다. 옆의 차가 차선을 위반했기 때문에 어쩔 수 없이 차선을 걸쳐 주차했다고 했습니다.

직장 마크가 있어서 제3자가 보면, 우리 직장 직원들의 도덕성이 형편없는 것으로 보이기 때문에 하지 않아야 한다고 후배에게 이야기했습니다. 아무 데나 주차하여 다른 운전자나 보행자에게 불편을 주는 차량을 많이 봅니다.

세 아들에게 자기 이익만 생각하고 남을 배려하지 않는 사람은 이 세상에 살 가치가 없는 사람이라고 늘 가르쳤습니다. 주차질서를 지킬 수 없는 식당이나 상가는 아예 이용하지 않았습니다.

아침 출근길에 신호등을 위반하는 차량을 종종 목격합니다. 차량 번호와 위반시간 및 장소를 적어 신고도 해봤습니다.

공중도덕과 교통질서 확립을 위해 노력하는 저를 보고, 첫째 아들은 개념이 없는 젊은이들에게 아빠가 봉변을 당할까 봐 걱정된다고 여러 번 말했습니다.

우리나라가 경제적으로는 성장했지만, 우리 국민의 의식 수준은 제자리에 머물고 있음을 알게 됩니다.

아들과 같이 집 근처의 대학 캠퍼스를 산책할 때 여러 가지 쓰레기, 특히 배달 음식 쓰레기를 많이 봅니다. 가까이 쓰레기통이 있는데도 대학생들이 아무 데나 버리면, 이른 새벽에 환경미화원이 땀 흘려 치우는 것입니다. 이러한 현상이 매일 반복되는 것에 대해 가끔 함께 산책하는 아들에게 고등교육을 받는 대학생들의 공중도덕 수준에 실망한다고 여러 번 이야기했습니다.

어린 시절부터 아무 데나 휴지 등 쓰레기를 버리지 않도록 교육을 받지만, 소용이 없습니다. 부모가 교육을 잘못했

다고 여겨집니다. 공부만 잘하면 되는 것으로 교육한 탓이
기도 합니다.

자녀들을 올바르게 키우기 위해서는 주위의 잘못된 행위
를 지적하여 자녀들이 따르지 않게 해야 합니다. 저는 아들
들과 바깥나들이할 때 주로 대화한 것이 눈에 보이는 공중
도덕에 관한 것이었습니다.

세 아들에게 이 사회와 국가에 마이너스 영향을 주는 어
떠한 행위도 하지 않도록 늘 가르쳤습니다.

| 약속은 반드시 지켰습니다

약속과 시간 엄수는 사회생활에서 신뢰받는 원천이며, 자녀가 성공하는 주요 요인이 됩니다. 그래서 어릴 때부터 약속도 일종의 법이라고 가르쳐야 합니다.

자녀와 한 약속을 잘 지키면 자녀들도 따라서 잘 지킵니다. 자녀와의 약속을 가장 많이 어긴 사람은 부모이기 때문입니다. 비록 사소하고 잘못한 약속이라도 자녀와의 약속은 반드시 지켜야 합니다. 그래야만 자녀들도 부모와의 어떠한 약속도 잘 지킬 수 있습니다. 부모가 이런저런 어떠한 이유를 대면서 약속을 어기게 되면, 자녀들도 똑같이 이런저런 이유를 대면서 어기게 됩니다.

약속을 잘 지키지 않는 부모는 부모로서 권위와 자녀로부터의 존경심이 상실되어 자녀에게 아무것도 당당하게 가르칠 수 없습니다. 자녀들로부터 존경받고 싶으면, 공부하라는 말이 아니고, 정직함과 약속 이행입니다.

한편, 성적이 올라가면 무엇을 해주겠다는 등의 대가성이 있는 약속은 하지 않는 것이 좋습니다. 자녀와의 약속은 순수해야 합니다. 이해관계에 의한 약속은 부모와 자녀 관계의 순수성을 손상하고 습관화되면 자녀들의 건전한 정신 함양을 저해할 수 있습니다.

약속 준수는 사회생활에서 자녀들의 성공에 중요한 요소이므로, 약속은 법과 동등한 수준이라고 교육했습니다. 세 아들을 키우면서 약속뿐만 아니라 혼자 일방적으로 한 말도 반드시 지켰습니다. 갑작스러운 출장이나 길흉사 시에는 아내가 대신했습니다. 세 아들의 요구에 의한 약속은 거의 없었습니다. 제가 일방적으로 무엇을 해주겠다는 약속이 대부분이었습니다.

세 아들은 아빠가 한 약속뿐만 아니라, 세 아들에게 한 말도 꼭 지키는 것으로 알고 있습니다. 세 아들과 무엇을 하면 무엇을 해주겠다는 대가성이 있는 약속은 한 번도 없었습니다.

2010년경에 첫째, 셋째와 서울역 롯데리아에서 12시에 만나기로 했는데 15분이 지나서 왔습니다. 토요일이라 배차 간격, 선로 공사를 이유로 대길래 크게 나무랐습니다. 약속 시간도 약속만큼이나 중요하므로 모든 사항을 고려하여 시간을 정해야 합니다.

저는 업무회의를 일주일에 1~2번 주관하고 주로 30분 이내로 끝냅니다. 가끔 늦게 오는 팀장이나 실장들이 있습니다. 다양한 이유가 있었습니다.

그래서 회의 시작 시간이 지나면 문을 잠그니 그다음 회의부터 지각하는 사람이 없어졌습니다. 조직의 보직자들이 시간을 잘 지키지 않으면 조직원을 어떻게 따라오게 할 수 있겠습니까?

1990년도 연구과제 팀장을 맡았을 때입니다. 팀원들과 협의하여 그해 송년회 날짜를 잡았는데, 며칠 후 단장 주재의 보직자 송년회가 팀의 송년회와 같은 날로 정해졌습니다. 선약 우선의 법칙에 따라 보직자 송년회에 참석하지 않아서 상사들에게 괘씸죄를 지었습니다. 우리 문화가 선약 우선이 아니라 높은 분 우선이지 않습니까?

저는 세 아들에게 언제 집에 왔으면 좋겠다든지, 어디서 꼭 만났으면 좋겠다고 할 때도, 세 아들에게 누구와의 약속이 있는지 먼저 묻고, 약속이 있다고 하면 다음으로 미루면서, 선약을 우선적으로 지켜야 한다고 늘 말했습니다. 그러나 주요 직책을 맡고는 긴급한 중요 대외업무로 연구원 내의 선약을 많이 어겼습니다.

정직의 중요성을 설명하고 정직하게
생활하였으며, 사례도 전했습니다

정직은 최선의 방책이다, 정직은 최고의 자산이다, 정직은 신뢰를 얻을 수 있는 유일한 덕목이다 등 정직의 중요성에 대해 언급된 말들이 많습니다. 성경에서는 진리가 너희를 자유롭게 하리라고 기록하고 있습니다. 그러나 하나님과 예수님을 모르는 사람들에게는 정직이 너희를 자유롭게 하리라고 말씀드리고 싶습니다.

따라서 정직은 자유인이 되게 하므로 부모가 자녀에게 가르쳐야 할 가장 소중한 것입니다.

정직은 자녀에게 내면의 편안함과 행복을 가져다줍니다. 반면에 부정직은 불안과 불행을 초래합니다. 자녀를 정직하게 키우지 못하면, 자녀가 성인이 된 후에 어려운 일을 당할 수도 있습니다.

전문직에 종사하는 변호사와 의사, 고소득 자영업자들이

소득을 제대로 신고하지 않고, 청문 대상자인 고위관료들이 다운 계약 등으로 세금을 포탈하고 있습니다. 소위 지식층이라 일컫는 대학교수들도 출세를 위해 논문 표절까지 하는 것이 보도됩니다.

그뿐만 아니라, 사관학교 출신의 최고위층 장성들이 자행하는 부정행위는 우리 국민에게 큰 실망을 안겨주고 있습니다.

또한, 공무원의 부정과 기업들의 부정행위도 끊임없이 보도되고 있습니다.

이 모든 현상은 부모님들이 자녀들의 공부에만 관심을 갖고 정직의 중요성과 가치를 제대로 가르치지 못한 데에도 원인이 있습니다. 자녀들이 성장하여 어느 분야의 직업에 종사하더라도 불명예스러운 범죄에 빠지지 않도록 철저히 교육해야 합니다.

정직에는 용기가 필요합니다. 사회생활과 직장생활을 하

다 보면, 상사나 동료들에게 왕따가 되기 싫어서 부정에 동참하는 경우를 보게 됩니다. 왕따는 학교생활에서만 있는 것이 아니라 직장생활에서도 있습니다.

가까운 직장 동료로부터 다른 직장의 직원이 자기 팀의 연구보고서의 거짓을 바로잡으려다가 왕따를 당하여 그 직장을 그만두었다는 말을 들었습니다.

상사가 사과했고 앞으로 바로잡겠다는 확약을 받았지만, 조직에는 더 머물 수가 없었다고 했습니다.

같은 교회에 다닌다는 말에 하나님을 올바로 믿고 부모님으로부터 인성 교육을 잘 받았다고 생각했습니다. 하루속히 새 직장을 찾도록 기도했습니다.

언론매체를 통해 세계 최초, 세계 최고로 성공한 기술개발이라고 일컫던 많은 기술이 상용화나 산업화되지 않았습니다. 이것은 연구자가 개발한 기술의 장점만 부각하고 발생할 수 있는 문제점에 대해서는 상세히 설명하지 않았기 때문입니다.

부모의 입장에서 이 세상에서 가장 큰 보람과 가치는 자녀에게 존경받는 것으로 생각합니다. 정직하지 않고는 자녀로부터 존경받을 수 없고 자녀를 올바르게 키울 수도 없습니다. 부모는 자녀의 거울이 됨을 항상 명심해야 합니다.

언론 매체를 통해 지식층의 정직하지 못한 행위가 보도될 때마다 아들들에게, 왜 정직하게 살아야 하는지 상세히 설명해 주었습니다.

내면의 가장 큰 행복은 부가 아니라 자존심입니다. 진정한 자존심의 원천이 바로 정직이라 생각합니다. 정직한 사람은 언제나 어디서나 어떠한 환경 속에서도 두려운 것이 없고 편히 잠을 잘 수 있습니다. 그러므로 정직이 진정한 자유를 갖게 합니다.

후진국의 특징은 정치인과 관료들, 지식층, 부유층의 부정부패입니다. 세 아들에게 우리 사회가 부정과 부패에 너무

관대한 것이 문제라고 이야기했습니다. 언론에 종종 제기되는 기업인과 의사, 변호사 등 전문직종의 탈세는 절도죄로 적용해야 한다고 세 아들에게 여러 번 말을 했습니다. 세 아들이 변호사, 의사의 길로 가고 있으므로 미리 잘 교육을 한 것 같습니다.

또한, 직장에서 일어나고 있는 부정직한 사건들에 대해 제가 취한 여러 사례를 아들들에게 전하여, 향후 아들들이 사회에 진출했을 때 정직하게 사는 데 도움이 되게 했습니다.

- 상사의 부당한 지시나 요구에 응하지 않도록, 저의 사례를 전했습니다

1990년대 초반 연말에 제가 연구책임자로 수행한 두 연구과제에 회의비가 남았습니다. 단장님이 제 과제의 남은 회의비를 사용하겠다는 의사를 부장님을 통해서 전달했는데 거절했습니다. 이러한 거절은 일반적으로 조직사회에 있을 수 없는 일입니다. 단장님이 싫어서가 아니라, 회의비를 사용하기 위해서는 거짓으로 회의록을 작성하여야 하기 때문이었습니다.

- 조직의 불법적인 것에 눈을 감지 말고 시정하도록, 저의 사례를 전했습니다

　25여 년 전, 제가 기획조사실장을 맡은 지 몇 달이 되지 않았을 때의 일입니다. 출장 결재를 받았던 한 신입 직원이 눈에 띄어, 출장을 가지 않은 자초지종을 물었습니다. 대외 활동비와 대내 회의비 마련을 위해서 오래전부터 거짓 출장(흔히 가라 출장)을 해왔다고 했습니다. 제가 연구부서에 있었기 때문에 연구부서에는 회의비가 규정에 따라 편성되었습니다. 행정부서에는 회의비 편성이 되어 있지 않았기에 담당 예산과장에게 그 이유를 물었습니다. 원장께서 행정부서의 회의비 편성을 싫어하여 못했다고 답변을 했습니다. 연구원에 들어온 지 일 년도 안 되는 신입 직원에게 거짓부터 가르치는 것을 개탄했습니다.

　그 이튿날 행정부서에 회의비 편성을 위해 원장님을 뵙는데, 원장님은 행정부서에 회의비를 편성하지 못하게 한 일이 없다고 말씀하셨습니다. 바로 행정부서에 필요한 대내외 회의비를 편성했습니다.

연구부서도 부서장인 실장의 판공비가 10만 원이었습니다. 30~40명의 연구원을 관리하는 연구실장은 판공비 부족으로 어려움을 겪고, 편법이 이루어지기도 했습니다. 원장께 보직자의 판공비 인상 필요성을 건의했더니 예산이 있느냐고 물으시고, 누가 못하게 했나 말씀하시면서 전폭적으로 지지하셨습니다. 실장의 판공비를 20만 원으로 올리는 등 원장과 감사를 제외한 모든 보직자의 판공비를 50~100% 인상했습니다. 이 건으로 인해 대외 관리기관으로부터 많은 질책을 받았습니다.

- 부정한 관례나 관습을 따르지 말고 바로잡도록, 저의 사례를 전했습니다

25여 년 전 연구과제 제안자들은 자기가 제안한 연구비가 감축될 것을 알기 때문에, 전례에 따라 연구비를 전년 대비 30~50%로 늘려서 제안합니다. 그러면 연구기관에서 자체적으로 연구비를 줄이곤 했습니다.

제가 과제책임자로서 정부출연과제 제안서를 제출했을 때

우리 연구원 기획부서에서 연구비를 소폭 삭감하여 수행하도록 요구받았습니다. 그러나 저는 꼭 필요한 예산만 반영했으므로, 단 1원도 삭감하면 연구과제를 수행할 수 없다고 했습니다. 제가 수행한 모든 연구과제의 제안서는 연구비 삭감 없이 연구비를 받았습니다. 과제 제안서에서 단 1원의 조정도 하지 않고 연구과제를 수행한 경우는 매우 드문 경우입니다.

제가 기획조사실장이 된 후, 꼭 필요한 연구비만 제안하여 연구자가 신뢰를 받을 수 있도록 했습니다. 제안서의 연구비를 연구범위와 연구내용 축소 등 정당한 사유 없이 삭감당했을 경우에 연구수행을 하지 못하도록 원장의 승인을 받아서 시행했습니다.

과학자는 정직이 필수입니다. 연구자가 연구제안서에 연구비를 고의로 과대 책정한다면 연구내용과 기대 성과도 과대 포장할 것이 뻔하기 때문입니다.

| 마음을 다하여 부모님을 섬겼습니다

효행은 인간의 기본 도리입니다. 자신을 낳아주고 길러주
신 부모님의 은혜를 모르는 사람은 금수보다 못하다고 합니
다. 부모님의 은혜도 모르는 사람이 다른 사람이나 사회와
국가를 위해 무엇을 할 수 있겠습니까?

자기의 부모는 팽개치고, 정치적 야망을 달성하기 위해 다
양한 사회봉사 활동과 기부활동을 하는 사람들을 많이 보
았습니다.

예수님과 공자님, 석가님 등의 성인들은 효를 강조했습
니다. 효를 행하는 사람은 모범적인 학교생활과 사회생활을
하고 수치스럽고 부끄러운 짓을 못합니다. 효를 아는 사람
은 부모를 힘들게 하지도 않고 공부도 스스로 알아서 잘하
게 됩니다. 자녀들이 효행을 본받도록 부모가 먼저 행하여
본보기가 되어야 합니다.

저는 가슴 깊이 시조 하나를 새기고 살았습니다.

어버이 살아실 제 섬기기 다하여라.

지나간 후면 애닯다 어찌하리.

평생에 고쳐 못할 일이 이뿐인가 하노라.

주위를 돌아보면 부모님을 생전에는 잘 모시지 않다가 돌아
가시면 목 놓아 울고 제사상도 잘 차립니다. 다 부질없는 일입
니다.

저는 결혼하면서 아내에게 부모님이 돌아가신 후에 눈물
을 흘리지 않도록 살아 계실 때 자식으로서 할 수 있는 것
을 다하자고 했습니다. 이 세상에서 자신을 대신하여 죽을
수 있는 사람은 오직 부모님뿐이기 때문입니다.

언론매체를 통해 부모의 유산과 부모 부양 문제 등으로
부자간이나 형제간의 싸움과 소송을 접할 때마다 일차적
책임은 부모에게 있다고 생각했습니다. 자녀의 인성 교육을
소홀히 했기 때문입니다.

주변에서 자신의 부모님 생신날에는 무관심하지만 자녀들

의 생일에는 관심을 많이 가지고 있는 젊은 부모들을 봅니다. 노후에 자녀들이 똑같이 따라 할 것입니다. 저는 세 아들의 생일은 물론이고 돌날에도 특별히 한 것이 없었습니다. 부모님을 모시고 집에서 식사한 것뿐입니다.

저의 어머님은 20대 초반, 일제 강점기에 일본 순사들에게 많이 맞은 것 때문에 제가 초등학교 때에는 그것이 화병이 되었습니다. 또한, 제가 대학 시절부터 저의 아버님은 고혈압과 당뇨로 고생하셨습니다. 그래서 저는 부모님을 우리 마을에서 가장 오래 사시도록 하는 것을 목표로 정하여 부모님의 건강에 조금이라도 도움이 되는 모든 것을 다하였습니다.

마음을 편히 해 드리기 위해 여러 동생의 사업실패 등도 부모님 몰래 해결하느라, 고소득 가운데서도 경제적 어려움을 많이 겪었습니다. 장인과 장모님, 아내 그리고 세 아들에게 미안한 마음을 갖고 있습니다.

정의의 중요성을 설명하고, 제가 행한 사례를 전했습니다

역사가 우리에게 가르쳐 준 중요한 교훈은, 정의가 사라지면 사회 전반에 부정부패, 특히 권력층의 부정과 부패가 만연하고 빈부의 격차가 커지게 된다는 것입니다. 이에 따라 범죄가 늘어나 사회는 불안하고 국가는 쇠퇴의 길로 갑니다.

따라서 자녀가 양심에 순응하고 정의를 추구하도록 부모로서 사회 정의 추구에 본보기가 되어야 합니다. 또한, 사회에서 일어나는 여러 형태의 비리와 부조리, 부패 등에 대해 원인과 해악 등을 설명해 주어야 합니다.

아들들에게 우리 사회에서 빈곤의 주요 원인의 하나가 부정부패, 특히 사회 지도층과 특권층의 부정부패에 있다고 설명했습니다.

소위 지성인이라 불리는 우리 사회 지도층의 부정부패는

사회와 국가의 발전을 위해 척결해야 할 암적 존재입니다.

부동산 다운 계약으로 세금을 포탈한 사람은 국가의 돈을 훔친 큰도둑입니다. 국가는 이러한 범죄자에게 관대하고 배고픔과 생활고로 인한 작은 도둑질을 하는 사람은 엄하게 처벌하고 있다고 생각합니다.

위장전입과 불법적인 부동산 투기, 다운 계약을 한 파렴치한 사람들을 고위 공직자로 등용하는 대통령들의 인사에 대해 아들들에게 울분을 토한 적이 한두 번이 아니었습니다.

대통령이 되면 인기가 왜 떨어지게 됩니까? 중국 노나라 임금 애공이 공자에게 백성을 어떻게 다스려야 그들이 임금을 잘 따르겠느냐고 물었을 때, "정직한 인재를 뽑아 높은 벼슬에 앉히십시오. 그러면 백성이 임금님의 말에 따를 것입니다"라고 대답했습니다.

진정한 국가발전은 고위 공직자의 능력이 아니라 고위 공직자의 정직성에 있습니다. "윗물이 맑아야 아랫물이 맑다"

는 속담도 있지 않습니까?

따라서 부정부패를 해소하는 방법은 능력보다도 깨끗하고 정직한 사람을 고위직에 임명하는 것입니다. 공자의 말씀은 미래의 대통령이 가슴 깊이 새겨야 할 귀중한 말입니다.

솔직히 대통령이나 국회의원 등이 뭐 그리 대단합니까? 국민을 위해 봉사하겠다고 큰절도 하고 발이 손이 되도록 빌고서 대통령이나 국회의원에 당선되면, 대다수 대통령과 국회의원이 지난 공약은 치매에 걸렸는지 잊어버리지 않습니까?

권불십년이라는 말이 있고 가진 권력 때문에 수많은 권력자가 불행의 길로 갔다는 것을 역사가 잘 가르쳐 주고 있습니다.

TV와 신문 등을 통해 국민을 위해서, 정의를 위해서라는 구실로 불법을 밥 먹듯이 자행하는 쓰레기 같은 무법 정치꾼과 전문시위꾼들을 많이 봅니다. '수신제가치국평천하'라는 말이 있습니다. 자식으로서 부모로서 남편과 아내로서 각자의 역할을 하지 못하는 사람은 국가와 국민 그리고 남을 위해 유익한 아무것도 할 수 없다고 가르쳤습니다.

또한, 자기의 이익을 위해서, 자기의 세력확장을 위해 투쟁하면서 거창하게 시민, 국민, 정의를 명분으로 내세우는 정치인은 외면해야 된다고 가르쳤습니다. 정의의 뜻이 왜곡될까 걱정이 됩니다. 정의는 공정한 사회와 건전한 국가발전을 위해 필수적인 요소입니다. 그러나 용기가 필요하고 불이익과 보복이 수반되는 경우가 많아 정의를 추구하기가 매우 어렵습니다.

저는 TV 등 언론을 통해 전해지는 각종 정치, 사회문제에 대해 발생원인과 사회와 국가에 끼칠 해악 등을 아들들에게 설명하였습니다. 그뿐만 아니라, 제가 직장에서 행한 사례를 전하여 아들들이 사회생활에서 정의를 추구하도록 교육했습니다.

- 정도의 길을 가도록, 저의 사례를 전했습니다

　1993년이라 생각됩니다. 바쁜 업무 때문에 책임급 회의에 참석하지 못했는데, 인력개발부서로부터 중요한 안건이므로 기획조사실장이 참석해 주길 요청받았습니다. 주요 내용은 책임급이 앞으로 많이 늘어나, 인건비가 대폭 증가하므로 책임급 승진자와 선임급 승진자를 줄이는 방법으로 책임급과 선임급 승진요건을 강화하자는 회의였습니다.

　승진에 필요한 점수(논문 건수, 특허 건수 등)를 대폭 높이는 것이었습니다. 저는 이것이 기득권의 횡포라 생각하여, 현재의 책임급들도 일정 기간 내 앞으로 승진 대상자에게 요구하는 점수를 채워야 한다고 주장했습니다. 자연스럽게 책임급과 선임급의 승진요건 강화는 없었습니다. 나중에 기획조사실장이 원장의 뜻을 모른다는 이야기가 들렸습니다.

　조직의 기득권자, 선배로서 대접받기 위해서는 조직의 장의 뜻보다 정당성과 합리성을 따라야 합니다. 원장의 뜻을 따르다 보면 원장이 바뀔 때마다 조직 체제와 규정이 바뀌고 조직의 목표와 비전도 바뀝니다.

- 노력하지 않고 얻는 이득은 독약이 될 수 있으므로 거절하도록, 저의 사례를 전했습니다

2000년도 초반 노무현 대통령 시절에 연구원에서 불미스러운 큰 사건이 일어났습니다. 주요 보직자들이 2~4년 전, 연구원 출신 벤처기업과 연구원과 관련된 기업으로부터 헐값에 주식을 받고 이익을 챙겼다고 30여 명이 징계를 받고 여러 명이 법적 제재를 받은 사건이었습니다.

저도 그 당시에 주위의 동료로부터 장래성 있는 소프트웨어 관련 회사의 주식을 살 수 있게 해 주겠다는 메일을 받았습니다. 이득이 있을 것으로 생각했지만, 제가 연구원 발전기획단장이기에 특혜를 준 것으로 판단하여 거절했습니다. 그러나 깊이 생각하지 않고 그 주식을 받은 몇 분들은 법적 제재를 받았습니다.

- 사회통념을 넘는 경조비는 경계하도록, 저의 사례를 전했습니다

　제가 기획본부장 재임 시에 저의 어머님이 돌아가셨습니다. 제 부서의 용역 업무를 수행하는 기업의 사장이 일반적인 조의금 수준을 넘는 액수를 부조했습니다. 그 사장님을 불러 계약된 용역 업무를 잘 수행해 주시고 있고, 앞으로도 잘해 주시면 된다고 하면서 되돌려 주었습니다.

　사회에서 통용되는 조의금 이상을 받게 되면, 다음에 용역 회사를 선정하고 평가할 때 공정성을 잃을 수 있기 때문입니다. 만약 큰 금액의 조의금을 냈는데 다음 심사에서 탈락하게 되면 머지않아 소문이 납니다. 조의금도 많이 했는데, 봐주지 않은 나쁜 놈이라고, 다른 기업에서 더 많은 뇌물을 받았을 것이라고 말입니다.

　언론을 통해 사회의 부정 관련 기사를 많이 보게 됩니다. 우리 국민이 정이 많아서 정 때문에 부정에 많이 빠진다고 생각합니다.

정의와 공정이 정보다 우선 되어야 선진국이 될 수 있습니다.

- 상사의 부당한 지시대로 따라서 감옥에 가는 일이 없도록, 저의 사례를 전했습니다

원장 주재로 직할 부서장 회의를 할 때, 대다수 연구 부서장은 예산편성이나 경비지출과는 직접적인 관계가 없으므로 원장님의 의견에 부정적이거나 반대 의견을 말하지 않습니다.

직접적인 관계가 있는 제가 주로 부정하고 반대 의견을 많이 내게 되어 기획본부장이 너무 강하다는 말이 제 귀에 들리곤 했습니다. 외부의 힘 있는 사람들의 청탁이 많으므로, 문제가 될 시에는 결재란에 서명한 모든 직원이 곤경에 처합니다. 원장과 대외 압력에 굴복하여 한 결재는 한 건도 없습니다.

언론보도를 통해 윗사람 지시대로 했다가 윗사람만이 아니라 본인도 감옥에 가는 것을 보지 않습니까? 상사를 잘

보좌하는 것은 맞장구치며 아부하는 것이 아니라 직언하는 것이라고 아들들에게 가르쳤습니다.

- 자기에게 불이익이 돌아오더라도 국가의 미래를 위해 부당한 권력에 대항하도록, 저의 사례를 전했습니다

23여 년 전에 제가 기획조사실장 때에 국회의원 보좌관으로부터 우리 연구원의 국정감사를 위해 필요하다고 인사 관련 자료를 제출하라는 요구를 받고 거절했습니다. 요구하는 인사 관련 자료가 개인정보이고 대외비이므로 요구에 응할 수가 없음을 설명했더니 국회 모독죄로 처벌하겠다기에 그렇게 하라고 했습니다. 다음날 제 아래 기획조사과장이 국회에 가서 요구자료를 제출할 수 없다는 확인서인지 경위서인지 그런 걸 쓰고 사인해 주고 왔습니다.

저는 제 부서 직원들에게 외부의 권력기관과 내부 상사의 부당한 요구에 절대로 응하지 말 것을 철저히 교육하였습니다.

- 권력의 횡포에도 굴하지 말고 정의를 추구하도록, 저의 사례를 전했습니다

　우리 연구기관이 김대중 대통령 말기에 광주에 광부품연구센터를 설립했습니다. 노무현 대통령 초기에 감사원 감사관으로부터 기획본부장인 저와 우리 연구기관을 담당하는 정부 부처 국장과 과장 등 몇 명이 호출을 받았습니다. 광주에 광기술원이 있는데 왜 우리 연구기관이 광부품연구센터를 설립하여 중복투자로 국가 예산을 낭비하느냐고 질책을 받았습니다. 광부품연구센터의 업무도 조정하고 관련자를 문책하겠다는 의도였습니다.

　제가 항변했습니다. 저는 기술기획실장 때에 광주 광부품연구센터 설립에 적극 반대했습니다. 연구비와 우수 연구인력 확보가 어렵고, 연구인력이 분산되어 연구의 효율성이 떨어지기 때문에 반대하는 이유를 제출했습니다. 그러나 청와대에서 주도하여 예산을 확보하여 주고 설립하라는데, 우리 연구기관이 무슨 힘이 있어 반대할 수 있는지 되물었습니다. 우리 연구기관을 조사하지 말고 먼저 청와대에 따지라고

했습니다. 그 이후로는 호출이 없었습니다.

감사원이 연구기관 감사를 위해 길게는 10일 이상 감사를 합니다. 10여 년 전, 기획예산 부서의 담당자가 예산집행을 잘못하였다는 확인서를 작성하여 부서장인 저에게 확인 사인을 받기 위해 갖고 왔습니다. 담당자의 설명으로는 감사를 받느라 여러 날 동안 힘들었고, 감사관도 경미한 사항이라 담당자에게 구두 경고가 나올 것이라고 해서 감사관의 요구대로 확인서를 작성했다고 했습니다. 저는 확인서가 거짓이었기에 부서장으로서 사인할 수 없다고 거절했습니다.

담당자가 되돌아간 몇 분 후에 감사관의 항의 전화를 받았습니다. "담당 직원하고 합의했는데 왜 본부장이 반대합니까?" 제가 답변했습니다. "감사관은 거짓을 만들어 내도 됩니까?"

오랫동안 주요 보직을 맡았지만 한 번도 경위서, 확인서 등을 쓰지 않았습니다. 무능한 보직자들은 자기 합리화를 위해 항변합니다. 그들은 조직을 위해서 열심히 일하다 보면 경위서나 확인서를 많이 쓰게 된다고 궤변을 늘어놓습니다.

올바른 사회관과 국가관이
무엇인지 교육했습니다

부모들은 자녀들이 자신의 행복추구와 더불어 사회 구성의 일원으로서 올바른 사회관과 국가관을 갖도록 가르쳐야 합니다. 올바른 사회관과 국가관은 혼자만 잘사는 것이 아니고 우리 사회와 국가의 발전도 생각하여 다 함께 잘 살게 노력하는 것입니다.

계층 간에 소득 불균형이 심화하면 사회 혼란을 초래하여 사회와 국가발전을 저해할 뿐만 아니라 국가가 패망의 길로 갈 수 있다고 가르쳤습니다.

세 아들에게 사회에 진출하면 가능한 한 빠른 시점에 적어도 소득의 10%는 사회에 환원하도록 가르쳤습니다.

우리는 역사로부터 배운 값진 교훈을 망각하고 있습니다. 여러 차례 주변국의 침략으로 국민이 심한 고통을 겪었고, 심지어 35년간이나 나라를 잃은 설움이 있었습니다. 이는 소위 사회 지도층이라는 권력이 있는 사람들의 부정과 부패, 자신의 영달, 자기 라인의 이익, 혈연 및 학연 등에 눈이 멀어 발생한 것입니다.

고위 공직자와 군의 최고 지휘자들의 부정과 부패를 보면, 한숨이 나옵니다. 매국노가 따로 있는 것이 아니라 저런 사람들이 매국노라고 아들들에게 여러 번 이야기했습니다. 올바른 사회관과 국가관을 지닌 사람만이 국가를 위해 정의를 추구하고, 권력자의 부정부패에도 과감히 맞설 수 있다고 가르쳤습니다.

V

세 아들 교육사례

—

사교육에 의존하지 않고
저의 교육관을 실천했습니다

부모로서 기본 자세

세 아들이 훌륭한 사회인이 되기 위해서는 전문지식도 중요하지만 좋은 성격과 인성을 가져야 한다고 생각했습니다. 자녀의 외모는 일반적으로 부모를 많이 닮습니다. 그러나 성격과 인성은 부모를 닮기도 하지만, 부모의 사랑과 양육방식에 더 많이 영향을 받습니다.

저와 아내는 인성뿐만 아니라 표현 능력, 창의성, 문제 해결 능력 등이 영아기부터 시작되는 것을 알고 있었습니다. 그래서 첫째 아이를 잘 키우기 위해 아내는 출산하기 전에 다니던 직장을 사직했습니다.

아내가 직장생활을 하면 좀 더 경제적 여유는 누릴 수 있겠지만, 첫째의 좋은 성격과 인성 형성에는 무엇보다도 엄마의 따뜻한 사랑과 양육방식이 중요하다고 믿었기 때문입니다. 또한, 맞벌이 부모는 자녀와 함께 보낼 시간이 부족하여, 말 못하는 영유아기 자녀의 내면세계를 잘 알 수 없습니다. 그러므로 자녀를 올바르게 양육하기가 어렵다고 판단하였습니다. 아내도 저와 똑같이 생각하고 있었습니다. 여유 있는 생활도 하지 못하는 처지에 아내가 직장을 그만두어 양가의 부모님께 죄송했습니다. 딸의 사회활동에 대한 기대가 크셨던 장인과 장모님께서 매우 서운해하셨습니다.

저의 가정을 알고 있는 지인과 친인척들은 세 아들이 공부를 잘하는 것은 엄마의 기도, 새벽기도 때문이라 했습니다. 저는 기독교인이지만 기독교인의 세속적인 기도를 아주 싫어합니다. 특히 수능 100일 새벽기도 같은 것들입니다. 기도는 평소에 하는 것이지 세속적인 목적 달성을 위하여 특정 기간만 하는 것은 올바른 기도의 자세가 아니라 생각하기 때문입니다.

저의 아내가 새벽기도를 한 목적은 여러 가지 있지만, 첫

번째가 양가 부모님께 하나님을 알게 하는 것, 두 번째가 남편이 믿음 생활을 잘하는 것, 세 번째가 교회에 다니는 세 아들이 하나님 말씀대로 살게 하는 것이었습니다.

아내는 첫째가 초등학교 고학년 때 세 아들을 데리고 매일 가정예배를 드렸다고 했습니다. 10년을 넘는 아내의 기도로 저의 부모님은 하나님을 믿고 돌아가셨습니다.

저와 아내는 세 아들이 하나님 말씀대로 살길 기도했지, 단 한 번도 명문 대학교 진학을 위해 기도하지 않았습니다. 명문 대학교가 행복을 보장하지 않고, 하나님을 의지하여 하나님의 말씀에 따라 사는 데 진정한 행복이 있다고 믿었기 때문입니다.

세 아들에게 공부를 잘하는 것보다 먼저 인간, 올바른 사람이 되어야 한다고 수없이 이야기했습니다. 그래서 사교육에 대해서는 아들이 과외를 받길 원하고, 그 필요성이 있다고 판단될 경우에만 했습니다. 한편, 아내는 세 아들에게 많이 한 말이 성경을 읽으라는 것이었습니다.

특이하게도 저의 아내는 다른 어머니들과 달리 세 아들이 변호사나 의사의 길을 가는 것을 반대하였습니다. 아내는 아들들이 '무엇을' 하면서 사는 것보다 '어떻게' 사느냐가 더 중요하다고 생각했고, 반드시 공부를 많이 해야 한다는 생각을 하지 않았습니다. 이러한 저와 아내의 교육관으로 세 아들을 교육하였습니다.

첫째 아들 교육사례

유치원 시절

첫째는 아기 때부터 엄마와 책을 많이 읽어서인지, 책 읽기를 무척 좋아하였습니다. 책을 읽지 않으면 유치원에서 친구들과 했던 병원놀이, 시장놀이 등을 아내와 같이 했다고 했습니다. 어릴 때 엄마와 많은 시간을 같이 보낸 것이 첫째의 성격 형성에 큰 도움이 되지 않았나 생각합니다.

초등학교 시절

초등학교 때 집에 있는 위인전, 예술가, 발명가, 식물도감 등 각종 전집을 여러 번 읽은 것으로 알고 있습니다. 학원에 다니지 않아 심심해서 책을 많이 읽었던 것 같습니다.

방과 후 얼굴이 새까맣게 탈 정도로 학교 운동장을 누비면서 놀았습니다. 친구들이 대부분 학원에 다니므로 주로 혼자 논다는 이야기를 듣고, 우리나라 공교육시스템을 개탄했습니다.

초등학교 저학년 때 아침 식사 시간이 되었는데 첫째가 보이지 않았습니다. 아내에게 물어보니, 곧 운동회가 있는데 학교에서 달리기하면 뒤의 그룹에 속하여 매일 새벽에 달리기 연습하러 밖에 나간다는 말을 했습니다. 남보다 뒤떨어진 것을 스스로 만회하려고 노력하는 의지가 기특했습니다.

아내가 숙제를 먼저 한 후에 놀라고 말했지만, 숙제하고 나면 어두워져 밖에서 놀 수 없다는 첫째의 말이 일리가 있어 낮에는 마음껏 뛰놀게 했습니다.

저녁때까지 뛰어놀다 지쳐서, 저녁 식사 후엔 숙제도 하지 않고 일찍 자고, 새벽에 알아서 일어나 숙제를 하였습니다. 숙제를 다 못해 갔을 때도 있었겠지만 스스로 하는 습관을 길러 주기 위해 한 번도 깨우지 않았습니다.

시험을 본 이야기를 하면서 아는 것을 틀렸다고 하기에 100점을 받는 것보다 아는 것을 실수하지 않는 것이 더 중요하다 가르쳤습니다. 그 후 시험에 실수했다는 말을 듣지 못했습니다.

중학교 시절

첫째는 초등학교 6학년, 중학교 1, 2학년을 미국에서 보냈습니다.

그때 첫째와 둘째에게 강자의 폭력에 자신을 방어하고 예기치 못한 사고에 대비하도록 태권도와 수영을 배우도록 권유해 태권도와 수영학원에 다녔습니다. 자기 자신의 방어도 중요하지만 약자의 보호를 위해서도 필요하다고 했습니다.

귀국을 앞둔 대부분의 아이들이 한국에 돌아오면, 수업을 따라갈 수 없다고 국어와 수학 등의 과외를 받았습니다. 저는 과외를 받지 않게 했는데, 몸과 정신이 건강하면 어디서든지 수업에 전혀 문제가 되지 않을 것이라고 확신했기 때문입니다. 제가 믿은 대로 귀국 후 얼마 되지 않아 바로 상위권에 진입하였습니다.

첫째가 미국에서 중학교 졸업할 때에 총 졸업생 중, 한 명 정도가 입학할 수 있는 미국의 유명한 과학고등학교인 TJ(Thomas Jefferson High School for Science and Technology)에 합격했지만, 보내지 않고 데리고 귀국했습니다. 그 주요 이유는 성인이 되기 전까지는 부모의 사랑과 인성 교육이 우선이라 판단했고 연로 하신 부모님이 첫째 손자를 간절히 보고 싶어 했기 때문이었습니다. 첫째의 적성이 이공계가 아니었기에 돌이켜보면 잘한 결정이었습니다.

고등학교 시절

저는 보신탕을 먹지 않는데, 첫째가 점심으로 보신탕을 먹었다기에 어떻게 먹게 되었는지 물어보았습니다. 영어 선생님께서 체력보강을 위해 가끔 사 주신다는 이야기를 듣고 선생님들의 제자 사랑도 대단한 것으로 느꼈습니다. 학업을 마친 후 직장생활을 하게 되면 스승의 은혜에 보답하도록 가르쳤습니다.

학교에 남아서 11시까지 자율 학습을 해서 저와 아내의 역할은 저녁마다 첫째를 데리고 오는 일이 전부였습니다.

첫째는 배드민턴 치는 것을 매우 좋아해, 점심시간과 저녁 자율학습 휴식시간에 배드민턴을 많이 친다고 이야기했습니다. 배드민턴이 첫째의 정신적, 육체적 스트레스를 해소하고, 학업의 효율성을 높이는 데 큰 도움이 될 수 있을 것으로 생각했습니다.

토요일은 자율학습을 일찍 끝내고 주로 친구들과 놀고 가끔 영화도 본 것으로 알고 있습니다. 일요일에는 교회에 다녀와서 성경책을 읽거나 동생들과 놀았습니다. 고등학교 3년간 교회에 빠진 적이 없어 목사님으로부터 대학 등록금을 지원받았습니다.

첫째가 외국어 고등학교라서 그런지 과학과목인 물리, 화학, 생물 등의 과목이 총정리가 잘되지 않는다며, 학원 강의를 듣고 싶다고 해서 고등학교 2학년 여름방학 동안에 학원에 보냈습니다.

그러나 고등학교 3학년 때에 첫째의 논술 그룹과외를 두고 아내와 사소한 의견 대립이 있었습니다.

아내가 첫째의 반 친구 어머니로부터 서울대 진학에는 면접시험도 중요하므로 논술 그룹과외를 같이 하자는 제의를 받고, 그룹과외를 받게 하는 것이 좋겠다고 했습니다. 그 이유는 첫째가 다른 과목보다 상대적으로 국어가 약하다고 했습니다.

그러나 저의 반대로 그룹과외를 시키지 않았습니다. 서울대에 진학하기 위해 사교육을 받는다는 것이 저의 교육관에 어긋났기 때문이었습니다. 서울대가 아니어도 좋은 대학이 많은데 왜 서울대에 꼭 보내야 하는지 아내에게 물었습니다. 저의 생각은 부모가 명문대 욕심이 많으면 오히려 자녀에게 부담을 주어 자녀의 공부를 저해할 수 있다고 생각했습니다. 또한, 서울대학교 진학을 위해 과외를 시키는 것은 하나님의 뜻에 맞지 않다고 생각했습니다.

주위에서 학원 등 과외 이야기가 나올 때, 아빠가 과외 보내는 것을 좋아하지 않아서 학원 등에 보내지 않는다는 아내의 이야기를 들은 분들이, 그렇다고 엄마가 계모가 아닌 이상 어떻게 학원을 보내지 않느냐고 하였답니다.

학교에서 첫째에게 서울대학교 법대를 권유했지만, 법학에 관심이 없어 서울대 사회계열에 진학했습니다.

저는 세 아들에게 명문대 진학이 최종 목표가 아니라고 늘 말했습니다. 열심히 노력하여 실력에 맞는 대학에 진학해, 대학교에서도 고등학교 때에 노력한 만큼 하면 좋은 직장에 취업도 할 수 있고, 명문 대학원에 진학할 수 있다고 말했습니다.

또한, 행복은 명문 대학교를 나오는 데 있지 않고 건강하고 정직하며 성실하게 사는 데 있다고 가르쳤습니다. 대학교에 가면 휴대전화가 필요할 것 같아 친구들보다 좀 늦게 고등학교 졸업과 대학입학 선물로 휴대전화를 사 주었습니다.

대학교 시절

첫째가 영어 실력이 탁월(고2 때, 서울대, 고려대, 성균관대에서 실시한 고등학생 대상 영어 경시 대회에서 모두 금상을 수상, 텝스 점수가 976점)하고 불어, 스페인어도 가능하며 적성에도 맞는 것 같아서 처음에는 외교관이 되길 권했습니다. 그러나 IMF를 겪으면서, 우리나라 경제정책에 조금이나마 기여하기를 바라는 마음에서 경제학 공부를 권했고, 첫째는 제 뜻을 따라 전공을 경제학으로 택하였습니다.

저는 첫째가 영어를 잘해서 어학 장교로 병역의무를 하길 원했습니다. 대학교 3학년 가을학기에 갑자기 집에 내려와서 저녁을 먹은 후 식탁에서 군대 문제를 꺼내었습니다. 아빠가 반대하지 않으면 해병대에 지원하고 싶다고 했습니다. 네가 성인이니 네가 결정하는 것이지 아빠가 반대할 이유가 없다고 허락을 하면서, 그런데 왜 해병대를 택했는지 물어보았습니다.

군 생활 2년여의 시간을 헛되이 보내지 않고 보람 있게 보내는 방법은 부족한 인내심을 기르고, 체력을 단련하는 것으로 생각하는데, 해병대가 가장 적합하다고 답변했습니다. 첫째의 건전한 정신에 매우 놀랐습니다.

그러나 주위의 친인척들이 고된 훈련을 받는 해병대에 왜 보냈는지 많이 물었습니다.

군대 시절

해병대는 한 번 떨어질 때마다 다음 지원에 가산점이 있다고 하여, 첫 지원의 발표가 나기 전에 연달아 3번을 지원했습니다. 그러나 첫 지원에 합격했고, 6주간의 인내와 땀과 고된 훈련으로 해병대의 상징인 빨간 명찰을 달았습니다. 언제 어디서나 무슨 일이든 최선을 다하는 모습이 자랑스러웠습니다.

훈련 후, 자대에 배치되고 얼마 되지 않아 아내가 부대의 상사로부터 첫째가 군 병원에 입원했으니 내일 부대에 오라는 연락을 받고 저에게 전화했습니다. 상사의 말로는 별것 아니니 걱정을 말라고 했지만, 그날 밤 잠을 이룰 수가 없었습니다. 튼튼한 첫째가 갑자기 입원이라 불길한 생각도 떠올랐습니다.

부대에 가서 자초지종을 들어보니 아침 배식 때에 어지러워서 쓰러졌다고 했는데, 귀에 관련된 병이었습니다. 전화하면서 구체적으로 설명해 주었다면 잠 못 이루고 걱정을 하지 않았을 텐데, 군대의 장교들은 아들들을 군대에 보낸 부모의 심정을 잘 모르는 것 같았습니다.

로스쿨 진학

군 복무 중에 대학 졸업 후의 진로에 대해 메일로 몇 번 물어보았습니다. 경제학을 더 공부하길 원한다면 유학비용을 지원할 수 있다는 뜻도 전했습니다. 그런데 가타부타 말이 없다가 제대를 몇 달 앞두고 미국 로스쿨에 진학하고 싶다고 했을 때 많이 당황했습니다.

첫째가 경제학 전공에 필수적인 통계학과 수학의 기반이 약해서 경제학을 제대로 공부하기 어렵고, 또한 학문보다 변호사가 적성에 더 맞는다고 했습니다.

미국 로스쿨은 우리나라 로스쿨에 비교할 수 없을 정도로 수업료가 엄청나게 비싸고, 외국인이 장학금을 받기도 어려워 학비가 부담되었지만, 제가 평소에 세 아들에게 공부하는 동안에는 학비를 지원하겠다고 말했기에 로스쿨 학비 지원을 약속했습니다.

첫째가 대학 재학 시에 학생을 가르치는 과외를 하고 싶다고 했으나, 학생의 일차적 임무는 학업에 열중하는 것이므로 반대했습니다. 또한, 첫째가 가르친 학생들이 좋은 결과를 얻지 못하면, 배운 학생과 그 부모님에게 평생 죄를 짓는 것이므로 학생을 가르치는 것을 허용하지 않았습니다.

미국 출국을 앞둔 공백 기간에 몇 개월의 영어 과외지도를 허용했습니다. 배우는 학생들이 주로 의학전문대학이나 해외 로스쿨을 목표로 한 성인이라 크게 부담되지 않았기 때문이었습니다.

어느 날, 외국어 고등학교에 재학 중인 학생에게 영어 텝스를 가르친다는 말을 듣고 무척 놀랐습니다. 가능한 한 빨리 그만두라고 했는데, 시험을 앞둔 학생 사정으로 2개월 후에 그만둔 것으로 알고 있습니다. 다행히 가르친 학생이 목표한 텝스 점수를 받아 희망한 대학에 특차로 입학했다는 이야기를 듣고 마음이 편안해졌습니다.

LSAT(미국 법과대학원 입학시험) 점수를 180점 만점에 175점을 받아, 텍사스 오스틴 로스쿨에서 전면 장학금, 코넬 로스쿨에서 1/3의 장학금이 나왔지만 첫째는 장학금이 없는 컬럼비아 로스쿨을 원했습니다. 학비가 부담스러웠지만 제가 학비지원을 약속했기에 첫째의 선택을 존중했습니다. 2014년 미국 뉴욕 변호사가 되었고, 지금 한국에 돌아와 법무법인 태평양에 근무하고 있습니다.

결혼

저는 세 아들에게 늘 이야기한 대로 결혼은 양가 100명 이내의 친인척과 신랑 신부의 친구로 국한했고 결혼 축의금도 받지 않았습니다(형제자매의 간절한 요구에 따라 형제자매로부터 축의금을 받음). 또한 평소에 세 아들에게 말한 대로 예물과 예단을 없앴습니다. 신부 측에서 신랑 예복과 시어머니 한복, 신랑 측에서 신부 드레스를 했습니다. 저희 뜻을 신부 측에서 100% 이해하여 주셔서 감사했습니다.

그러나 주위의 친인척과 친구들로부터 비판을 많이 받았습니다. 그래서 둘째와 셋째 결혼식 때는 신부 측과 협의할 사항이지만 첫째의 선례에 따르되 하객 수를 양가 총 150명 수준으로 50명을 더 늘려야 할 것 같습니다.

둘째 아들 교육사례

유치원 시절

둘째는 주위에서 용돈을 주면 받지 않았습니다. 자기 돈을 자기 마음대로 쓸 수가 없고, 필요한 것은 엄마, 아빠가 사 주기 때문에 돈이 필요 없다고 했습니다. 둘째에게 용돈 사용에 어느 정도의 재량권을 주어야겠다는 생각이 들었습니다.

초등학교 시절

둘째가 학원에 다니지 않아서 혼자 있는 시간이 많았습니다. 소파에서 멍하니 앉아있기에 무슨 생각을 하는지 물어보니 공상을 한다고 대답했습니다. 공상이 취미라 했습니다.

공상으로 창의적 아이디어가 나올 수 있고, 행복도 느낄 수 있으므로 공상이 괜찮은 취미라 생각했습니다.

어려운 친구를 도와주도록 많이 이야기한 영향인지 초등학교 4학년 때에 갖고 있던 돈을 전부 불우한 친구 돕기 모금에 지원했다는 말을 듣고, 헌금하는 방법에 대하여 설명해 주었습니다. 한꺼번에 가진 돈을 다 헌금하면 다음에 더 어려운 사람이 있으면 지원할 수 없으므로 전부 하는 것이 아니라 가진 돈의 일부를 하는 것이라 설명했습니다.

둘째에게 어른이 되면 어떤 일을 하고 싶은지 물었을 때, 택시 운전기사가 되고 싶다고 했습니다. 운전하고 싶으면 하고 하기 싫으면 안 해도 되는 줄로 알고 있었습니다. 우리 아파트가 앞 동이라, 택시 운전기사들이 눈이 빠지게 승객을 기다리며 때론 길게 줄을 서 있는 것이 보입니다. 둘째가 그것을 보고 놀고 있는 줄로 알고 있었습니다. 맹모삼천지교가 떠올랐습니다.

그래서 둘째의 시야를 넓혀주고 꿈을 찾을 수 있도록 직

업도감을 사서 책장에 두고 시간이 날 때 읽어보라고 했는
데 한 번도 보지 않은 것으로 알고 있습니다.

직업에 귀천이 있는 것은 아니나, 하고 싶은 직업이 있는
데 능력이 모자라서 어쩔 수 없이 하기 싫은 일을 해야만 하
는 것은 불행한 일입니다. 어린이들은 자라면서 하고 싶은
일들이 수시로 바뀌므로, 성인이 되었을 때 하고 싶은 일을
할 수 있도록 준비하는 것이 공부입니다.

저는 스승의 날에 아들들의 선생님께 선물하지 않고 한
학년이 끝난 후, 설날에 시골 과수원에서 생산한 사과를 선
물하곤 했습니다. 그러나 둘째의 선생님께는 스승의 날에
선물을 한 번 했습니다. 아내의 말에 의하면 연세가 있으신
남선생님이신데 담배 냄새 때문에 담임 선생님이 곁에 오는
것이 싫었다고 했습니다. 둘째가 선생님에 대한 거부감을 줄
일 수 있을까 하여 스킨로션을 선물했습니다.

제가 세 아들이 대학에 진학한 후에 존경하는 선생님께
사과 선물을 하고 싶다고 했을 때, 첫째와 셋째는 존경하

는 선생님을 말했는데 둘째는 없다고 하기에 마음이 아팠습니다.

둘째가 고등학교 다닐 때 한 말이 생각났습니다. 담임 선생님께서 학원에 가지 말고 학교에 남아 자율학습을 하는 것이 더 낫다고 말하면서 다른 학교에 다니는 선생님의 아들은 학원에 보낸다는 이야기를 했습니다. 선생님의 언행이 일치하지 않으면 선생님은 제자로부터 존경을 받을 수 없다는 사실입니다.

중학교 시절

중2 때, 성적표를 보여주었는데 중상 정도였고 60점대도 있었습니다. 둘째가 국사와 사회 등 암기과목이 싫다고 해서 하기 싫으면 하지 말라고 했습니다. 역사에 등장하는 왕이나 주요 인물의 이름, 업적 등은 상식 차원에서 대략 알면 되는 것이고, 정확하게 암기해도 시간이 지나가면 잊어버리기 때문입니다.

공부하는 데 시간이 많이 필요한 영어, 수학 등 기본과목에 충실하다가 어쩔 수 없이 꼭 해야 할 경우에 그때 가서 하면 된다고 했습니다. 암기하기 싫은 과목을 60점이나 받았기에 칭찬을 하여 용기를 주었습니다.

아이들이 자발적으로 성적표를 보여주지 않으면 보여 달라 하지 않았습니다. 성적 때문에 스트레스를 받지 않도록 노력했습니다. 세 아들을 키우면서 성적표를 본 것은 몇 번 되지 않습니다.

둘째가 학업을 마치고 사회에 진출했을 때 상식부족으로 사회생활의 어려움이 걱정되어서 재미있는 만화로 된 삼국 시대, 고려 시대, 조선 시대 등 이야기책을 사서 심심할 때 읽어보라고 책장에 두었지만 둘째는 읽지 않은 것으로 알고 있습니다. 그때, "말을 물가에 끌고 갈 수는 있지만 물을 먹일 수는 없다"는 속담이 생각났습니다.

TV에서 사극이 나올 때마다 둘째의 상식을 보완하기 위해 시청을 하도록 권유했으나 관심이 없었습니다. 자녀들의 건강과 공중도덕 외에는 하기 싫은 것을 강요한 것이 없습니다.

첫째는 외국어 고등학교에 다니면서 열심히 공부하고 있었으나, 놀고 있는 둘째에게 공부하라는 말을 한 적이 없습니다. 공부는 무엇을 하겠다는 목표가 정해지면, 스스로 열심히 하게 되는 것입니다.

영어와 수학 과목을 위해 학원에 안 가니, 탁구나 수영 등을 배우거나 피아노와 바이올린 등 악기 연주를 배우길 권했으나, 둘째가 싫어해서 시키지 않았습니다. 하기 싫어하는 것을 시켜봐야 그것은 도움이 되지 않고 돈과 시간만 낭비하는 것이기 때문입니다.

다른 중학생들과 같이 둘째도 게임을 많이 하여 아내가 속이 상했다는 것을 대학을 졸업하고 의사가 된 후에 들었습니다.

아내는 제가 퇴근할 즈음에 둘째에게 게임을 중단시켜 둘째가 게임을 그렇게 좋아한 줄 몰랐습니다. 집에서 게임을 못하게 하면, 밖의 피시방에 가서라도 하고 싶다고 아내에게 말했다고 합니다.

그래서 아내가 기도 가운데 둘째가 밖으로 돌아 더 어려운 일을 겪을 수도 있게 하는 것은 하나님 뜻이 아니라고 생각해 집에서 게임할 수 있게 했다고 했습니다. 그 대신 둘째가 스스로 조절할 수 있도록 게임하는 시간을 기록하고, 매일 성경을 읽기로 약속했답니다.

그런 사정도 모르고 자기 전에 항상 성경을 읽는 것을 보고 성경책 읽는 것을 좋아하는 줄로 알았습니다. 왜냐하면, 세 아들은 일요일에 교회를 빠진 적이 없었기 때문입니다. 이웃을 보면 시험 기간에는 교회를 잘 빠지는데 세 아들은 시험과 관계없이 항상 일요일에 교회에 갔습니다.

작은 교회라 성도 수가 적고 같은 또래의 중학생이 없어, 어른들 예배에서 같이 드리느라 세 아들이 무척 힘들었을 것 같았습니다. 자녀들의 입장을 배려해야 했는데, 교회 등록 시에 깜박 잊었습니다.

아들들을 위해 다른 교회를 생각해 보았지만, 목사님과의 관계상 어려웠습니다. 제가 미국 유학 시절 예수님을 알았고, 어디에 살든지 교회의 종파를 떠나 집에서 가장 가까운 교회에서 예배를 보겠다는 생각만 했지, 아이들 생각은 미처 하지 못했습니다.

고등학교 시절

고등학교 입학식 날 저녁에 둘째가 의대를 목표로 공부한다는 아내의 이야기를 들었습니다. 의대에 진학하기도 어려운데 명문의대를 목표로 했기 때문에 걱정이 되면서도 주요 과목인 영어, 수학, 국어의 기초가 튼튼하므로 열심히 노력하면 문제없을 것이라 생각했습니다. 그러나 저의 마음으로는 둘째가 특히 정직하고 영어 발음과 독해 능력이 뛰어났으므로 훌륭한 영어 선생이 되길 원하였습니다.

1학년 여름방학 때 수학 학원에 한 달 다니다가 가을학기에는 그만두었다는 것을 아내에게 들었습니다. 저는 둘째가 학원에 가는 것을 몰랐습니다. 아내의 말로는 수학 선생님이 여름방학 때, 2학기 수학을 예습하는 것이 도움될 것이라는 말씀이 있어서 학원에 보냈다고 했습니다. 그런데 둘째가 학원에 오가며 걸리는 시간을 고려하면 혼자 문제를 더 풀어보는 것이 나을 것으로 생각하여 학원을 그만두었다 하기에 잘 결정한 것이라 말했습니다.

수학공부는 선생님이나 강사가 설명할 때는 쉽게 들리지만, 막상 풀려고 하면 잘되지 않으므로 직접 문제를 많이 풀어보는 것이 중요하기 때문입니다.

앞에서 언급했듯이 우리 집 세 아들의 겉옷과 신발, 휴대폰, PC 등 아들들이 필요한 것은 제가 사 주었습니다.

둘째가 신고 싶어 하는 신모델 나이키 흰색 운동화를 백화점에서 사 주었는데 학교에서 잃어버려, 아내가 동네 가게에서 값이 저렴한 운동화를 사 주었다고 이야기를 했습니다. 아내의 말로는 둘째가 신발에 신경 쓰고 싶지 않다고 해서 값싼 신발을 샀다고 했습니다.

제가 둘째를 불러 얼마나 운동화를 신고 싶었으면 남의 운동화를 가져가고 헌 슬리퍼를 놓고 갔겠느냐, 잊어버리라고 말하면서 잃어버린 운동화와 똑같은 신발을 다시 사 주었습니다. 물건을 한번 잃어버리고 난 후에는 운동화 등 자기 물건 관리를 잘한 것으로 알고 있습니다.

고2 때, 어느 저녁에 둘째가 책상에 앉아 공부하고 있기에 공부가 잘되는지 처음으로 물어보았는데 "저에게는 기대하지 마세요. 저는 형보다 인내심이 부족하고, 동생보다 머리가 좋지 않아요"라고 대답하여 무척 놀랐습니다. "향후 국제화 시대에는 영어 능력이 중요한데, 형이 영어를 잘하지만, 너의 영어 발음은 형보다 낫고, 동생은 수학은 잘하지만, 영어는 너보다 못하니 너에 대한 기대가 크다"고 용기를 주었습니다. 중학교 3학년 때 YBM 주최 중학교 영어 경시대회 대전 대표로 출전하여 은상을 수상했기 때문입니다.

그때 아빠가 정말 그렇게 생각하시느냐고 해서, 두고 보면 알 것이라고 자신감을 주었습니다. 둘째가 영어 드라마, 영어소설을 많이 듣고 읽은 까닭에 텝스 점수 963점을 받을 수 있었다고 생각합니다. 둘째의 영어 능력은 어디서 무슨 일을 하든 그의 발전에 크게 도움이 될 것이라 확신했습니다.

둘째의 정직성과 영어 능력으로 모범적인 영어 선생이 될 수 있으리라 판단해 두 차례에 걸쳐 의사보다는 영어 선생님이 되길 권유했습니다.

의사는 희생, 사랑, 친절 정신이 중요한데 둘째에게 의사로서 희생과 친절 정신이 좀 부족하다고 지적했습니다. "아빠가 어떻게 아세요?" 했을 때, 집에서 엄마를 돕는 것은 주로 형이나 동생이지 네가 돕는 것을 보지 못했다고 했더니 형이나 동생이 먼저 도왔기 때문이지, 밖에서 친구들에게는 그렇지 않다는 주장을 했습니다.

또한, 요즘 학생들이 수업시간에 선생님 말씀을 잘 듣지 않아, 교사가 되면 목이 아파 괴로울 것이라 했습니다. 여러 통로를 통해 학생들이 학원을 통한 선행학습으로 수업시간에 선생님 말씀을 듣지 않고 시끄럽게 떠들어 학원에 다니지 않는 학생들의 수업에 큰 피해를 주고 있다는 이야기를 듣고 있었습니다. 이런 원인은 부모님들이 학교성적을 위해 학원에 보내는 데만 신경을 쓰느라 남에게 피해를 주어서는 안 된다는 자녀의 인성 교육을 하지 않았기 때문이라 생각합니다.

의대에 가는 것을 다시 생각해보라고 세 번째 말했을 때, 의사가 아니면 하고 싶은 일이 없다기에 둘째의 뜻을 존중했습니다.

3개 의과대학에 지원했으나 목표로 한 의대에는 합격하지 못하고 2차 지망인 생명과학과에 합격했고, 순천향대학 의대와 을지의대에 합격했습니다.

둘째에게 재수는 물론 생명과학과에 진학하여 의학전문대학원에 가는 것보다 합격한 두 대학 중에 선택하기를 권유했습니다.

둘째가 장학금 혜택을 받을 수 있는 을지의대가 아니라,

순천향대학 의대에 가고 싶어 했는데, 집을 떠나 자유롭게 생활하고 싶다고 했습니다. 그래서 집 가까이 있는 을지의대에 진학하더라도 원하는 시점에 원룸 생활을 할 수 있게 약속하고 을지의대로 진학했습니다. 약속한 대로 둘째는 대학 2학년부터 자유로운 원룸 생활을 시작하였습니다.

대학교 시절

둘째가 초등학교 때부터 원하는 악기 하나를 다룰 수 있게 음악학원에 가길 여러 번 말했으나, 싫다고 해서 보내지 않았습니다. 학교생활과 사회생활의 스트레스를 해소하는 가장 좋은 방법은 취미생활이라 여겼기 때문입니다.

둘째가 대학에 가서 학원에 가지 않고, 선배인지 친구인지에게 기타를 배워서 잘 치는 것으로 알고 있습니다. 첫째는 다양한 운동, 셋째는 피아노 등 취미생활을 하는데, 둘째에게 독서 외에는 취미생활이 없어 안타깝게 생각했는데 너무나 기뻤습니다.

방송과 신문 등 언론매체를 통해 요즘의 의대 졸업생들은 안과, 성형외과, 피부과 등 인기 있고 돈을 많이 벌 수 있는 과를 선호하여 흉부외과, 외과, 산부인과 등 힘든 과는 전공의 부족이 심각하다는 것을 알게 되었습니다.

둘째에게 흉부외과나 외과를 전공하길 권했으나 싫다고 했습니다. 수술이 잘못되어 발생할 수 있는 여러 가지 어려운 상황과 의사로서 짧은 수명 등의 설명을 듣고, 더 이상 전공에 대해 말하지 않았습니다. 현재 삼성병원 영상의학과 레지던트과정에 있습니다.

정부는 왜 존재하는가, 정부의 역할은 무엇인가를 다시 생각하게 되었습니다. 병원의 기본적인 임무는 환자를 빨리 잘 치료하는 데 있습니다. 성형외과, 피부과 등 미용 분야에 우수 인력들이 모이고, 생사를 다투는 분야에는 우수한 의사들이 부족하다면, 정부가 대안을 강구해야 할 의무가 있는 것입니다.

셋째 아들 교육사례

유치원 시절

셋째가 어릴 때 『Are you my mother?』라는 이야기책을 좋아해서 아내가 수없이 읽어주었는데, 어느 날 아이가 외워서 읽었다고 했습니다. 자녀들의 언어교육은 반복 학습이 효과적이라 생각했습니다.

셋째가 내성적이고 친한 친구가 없는 탓인지 유치원에 안 가려 해 아내가 힘들어했습니다. 아내가 유치원 원장님과 상담을 해서 셋째와 비슷한 케이스의 한 명의 새 친구를 사귀어 유치원을 다닐 수 있었습니다.

피아노를 배우고 싶다고 해, 학원에 다니게 했지만, 남자인 셋째가 피아노를 배우겠다고 해서 놀랐습니다. 셋째가 피아노 치는 것을 좋아해 과학고등학교에 진학하기 전까지 거의 매일 피아노 학원에 간 것으로 기억됩니다. 요즘 셋째가 집에 와서 치는 피아노 소리를 들을 때마다 어린 시절부터 10년 이상 매일 피아노를 친 성실성이 대견스러웠습니다.

초등학교 시절

첫째는 태권도와 수영을, 둘째는 태권도를 배웠기에, 셋째에게도 시간적 여유가 있는 어린 시절에 체력 단련 겸 미래의 직장생활과 취미생활을 위해 운동 하나쯤은 배우길 권했으나 싫어했습니다. 그러나 대학에 가서 수영과 탁구, 테니스 등을 교양과목으로 배웠기에 천만다행이었습니다.

초등학교 때, 암호(아라비아 숫자)로 일기를 써서, 선생님이 모르겠다고 일기장에 코멘트했다는 아내의 말을 들었습니다. 무슨 문제가 있는지 셋째의 일기장을 딱 한 번 몰래 보았습니다. 그림과 암호로 일기를 썼고, 물론 암호 숫자에 대해 설명을 했지만, 저도 이해하기 어려웠습니다. 그 후, 암호로 일기를 쓰지는 않은 것으로 알고 있습니다.

작은형과 게임을 해서 이기면 같이 놀아주지 않아서 일부러 져 준다고 해 지혜롭다고 생각했습니다. 초등학교 1학년 때에 구약 창세기 편을 노트에 옮겨 쓰고 있는 것을 보았습니다. 이해하는가 물어보니, 그렇다고 해서 그 후에 더 이상 묻지 않았습니다.

초등학교 고학년 방학 동안에는 매일 학교 도서관에서 책을 읽은 것으로 알고 있습니다. 피아노 학원 외에는 다니는 학원도 없고 같이 놀아 줄 친구도 없으니 긴 방학 동안에는 책이 친구가 되었습니다. 중학교와 고등학교에 올라가면 책 읽을 시간이 많지 않으므로 초등학교 때에 책을 많이 읽는 것이 중요하다고 생각합니다.

중학교 시절

누구에게나 친절했고 잘 도와주었습니다. 친구들에게 책

과 노트도 잘 빌려주고, 밤 12시가 넘어서도 불평하지 않고 따뜻한 마음으로 도와주는 것을 보았습니다. 책과 노트를 되돌려 받지 못해 책을 다시 구입하기도 했지만, 원망과 불평이 없었습니다. 하나님 말씀을 많이 읽어서, 하나님이 셋째에게 선물한 특별한 은사로 생각됩니다.

초등학교 때 발달 장애를 가진 급우가 있었는데, 셋째가 중학교, 고등학교에 진학한 후에도, 그의 어머니가 그를 데리고 우리 집을 여러 번 방문했습니다. 그 급우가 집에 오면 PC 등 모든 물건을 함부로 만져 고장 날까 아내가 걱정도 했지만, 급우 어머니의 마음이 얼마나 아플까 해서 항상 따뜻하게 맞이했다고 했습니다.

그 급우가 셋째를 엄청나게 좋아해서 항상 우리 집에만 가자고 조르는 바람에 그의 어머니가 어쩔 수가 없어서 먹을 것을 많이 챙겨 우리집에 왔다는 말을 들었습니다. 셋째의 말에 의하면, 그 급우에게 특별히 잘해준 것은 없고 다른 급우들에게 한 것 같이 똑같이 대해주었다고 했습니다.

태어날 때부터 줄곧 아파트 단지에 살아서 특별히 어려운 환경에 사는 사람들에 대해 모르고 자랐습니다. 그러나 학교에서 하는 보육원, 양로원 봉사활동에 참여한 후, 이 사회에 의지할 사람이 없는 어렵고 불쌍한 사람들이 많이 있다는 것을 알았습니다. 이것이 셋째의 삶의 방향에 영향을 주었으리라 생각합니다.

저녁 식사 후 어두워지면 매일 줄넘기를 갖고 밖으로 나가기에 아내에게 물어보았습니다. 셋째의 체육 실기 시험이 줄넘기인데 특히 2단 넘는 줄넘기가 잘되지 않아 연습하러 학교 운동장에 가는 것이라 말했습니다. 낮에 하면 못하는 것을 여러 사람이 보아 창피해서 저녁에 간다고 했습니다. 한 달 가까이 매일 연습하여 학급에서 최상위 그룹에 들었다는 이야기를 아내에게서 들었습니다.

아내로부터 셋째가 체육 선생님이 여학생들만 좋아해서 여학생들에게 체육 실기 점수를 잘 준다는 이야기를 전해 들었는데, 셋째에게 어떻게 설명할지 몰랐습니다. 다만, 셋째가 선생님에 대한 존경심이 사라질까 걱정을 했습니다.

셋째가 수학을 무척 좋아해서 그 이유를 물어보니 수학은 논리적이기 때문이라 했습니다.

학기말 시험이 끝난 줄 알고 있는데, 안방에 누워서 수학 문제를 풀고 있었습니다. 그래서 셋째에게 좀 쉬라고 했더니 수학 문제 푸는 것이 쉬는 것이라 말했습니다. 풀고 있는 수학 문제지가 '공통 수학의 정석'이었기에 자초지종을 물어보았습니다. 고등학교 2학년인 둘째 형이 수학 문제를 푸는데 옆에서 구경하니까 이거나 풀어보라고 줘서 풀고 있다고 했습니다. 3개월도 걸리지 않고 '공통 수학의 정석'을 정복한 것으로 알고 있습니다.

과학고 진학과 수학 올림피아드에서 수상하기 위해 대부분의 참가자들이 학원이나 별도의 과외를 받는다는 이야기를 들었습니다. 그러나 제 교육 철학에 맞지 않아서 과외를 시키지 않았습니다. 그렇지만 대한수학회가 주최한 '한국 수학 올림피아드' 중등부에서 은상을 받았습니다.

최선을 다해 노력하고 있고, 학업 성적도 최상위 그룹에 속하는데, 경시대회에 나가기 위해 과외를 시키는 것은 정도가 아니라 생각했습니다.

어느 학원에서 셋째가 그 학원 출신으로 수학 올림피아드 은상을 받았다는 광고지를 배포했을 때, 학원에 전화로 항의했습니다. 직장 일이 바빠서 다시는 이런 일이 없도록 하겠다는 약속만 받고 마무리했습니다. 학원이 허위 광고를 할 줄 누가 알겠습니까?

피아노 학원만 다니므로 시간적 여유가 많아 파이를 소수점 수백 자리까지 외우고, 큐브 맞추는 방법(절차)에 대한 설명서도 작성했습니다. 첫째의 말에 의하면 인터넷에 나와 있는 방법보다 셋째가 설명한 방법이 더 쉬웠다고 했습니다.

잠자기 전에는 항상 이어폰을 꽂고 있기에, 확인해보니 주로 영어 성경 테이프와 자신의 피아노 연주 녹음 테이프였습니다.

둘째의 말에 의하면 셋째가 공부를 잘하게 된 이유는 자기 때문이라 했습니다. 집에 PC가 한 대밖에 없어서 자기가 PC를 종일 점령해서 셋째가 게임을 하는 데 시간을 낭비하지 않았기 때문이라 하였습니다. 둘째는 게임이 공부를 방해한다는 것을 알고 있었습니다.

고등학교 시절

과학고 진학에 따라 기숙사 생활로 주말에 집에 왔습니다. 제가 일 년간 해외교육을 나감에 따라 아내도 여러 달 해외에 체류하였습니다. 대학입시를 앞둔 자녀를 두고 엄마와 아빠가 해외에 갈 수 있느냐는 말도 있었지만, 엄마의 도움 없이도 잘할 수 있다는 셋째의 말을 믿었기 때문입니다.

대학 진학을 앞두고 진로문제로 많은 대화를 나누었습니다. 셋째는 수학을 전공하기를 원했는데, 제가 반대를 했습니다. 수학을 전공한 후 셋째의 적성에 맞는 직업을 우리나라에서 찾기가 어려웠기 때문이었습니다. 그래서 대학 진학 후에 다시 생각하기로 하고 일단, 자유전공학부에 지원하기로 했습니다.

2학년 가을, 아내가 서울대에 가려면 면접을 위해 수학 과외가 필요하다는 이야기를 했습니다. 아내가 셋째의 급우 어머니로부터, 서울대 지원생들을 모아서 그룹을 만들어 매주 토요일 서울로 수학 과외를 보내려 계획한다는 이야기를 듣고, 셋째를 그 그룹에 참여시키는 것이 좋겠다고 했습니다. 면접경향과 요령을 아는 데 도움이 될 것이라 했습니다. 그러나 제가 또 반대했습니다. 아내에게 서울대만 대학인가, 다른 좋은 대학도 많고 대학에 가서 열심히 하는 것이 더 중요하다고 했습니다.

과학고등학교 2학년 때도 대한수학회가 주최한 '한국 수학 올림피아드' 고등부에서 동상을 수상했는데 수학 면접시험을 대비하기 위해 수학 과외를 받는다는 것이 말이 되지 않았습니다.

과학고등학교에서도 우수한 학생들이 면접시험을 위해 과외를 받으러 서울까지 가는 우리나라의 기형적인 교육환경을 개탄했습니다.

서울대, 카이스트, 포항공대 3곳을 지원했는데, 포항공대에서 최종합격을 먼저 통보받았습니다. 포항공대가 이공 계통의 학문을 하는 데 서울대에 비해 못하지 않고 저의 고향집에서 가까워서, 저는 포항공대에 진학하는 것을 권유했습니다.

그러나 포항공대 신입생 오리엔테이션을 며칠 앞두고, 서울대로 가고 싶다고 했습니다. 그 이유는 포항공대에 함께 합격한 친구들이 모두 서울대로 결정하여 친구들과 같이 가고 싶다고 해서, 셋째의 뜻을 존중했습니다. 사회생활에서 좋은 친구들은 무형의 소중한 자산이라 생각했기 때문입니다.

대학교 시절

자유전공학부라 2학년 때 전공을 정해야 하므로 화학을

선택했습니다. 아들을 둔 부모로서 셋째에게 군대 문제와 진로에 대하여 어떻게 할 것인지 물어보니 여러 가지 생각을 하고 있다고 하였습니다. 그때 셋째에게 사람을 살리는 일이나 아니면 파괴되어 가고 있는 자연을 살리는 직종에 종사하면 보람이 있을 것이라 했습니다. 셋째가 환경이나 자연 분야에 특별한 관심이 없다고 하여 의학전문대학원에 진학하길 권유했습니다.

셋째가 정부출연 연구기관에서 연구하고 싶다고 했으나 강하게 반대하면서 그 이유를 설명했습니다. 제가 우리나라에서 가장 규모가 큰 정부출연 연구기관에서 연구과제의 팀원으로서 연구과제를 수행했고, 연구과제 책임자도 했고, 연구과제를 총괄하는 기획조사실장(연구기획실장, 기술기획실장), 기획본부장 등을 오랫동안 했기에 그 이유를 상세히 설명했습니다.

현재와 같은 정부의 출연 연구기관 운영과 관리 체제에서는 정직한 연구자가 되기 힘들고, 연구할 가치가 있는 연구과제도 수행하기 어렵다는 것을 알기 때문이었습니다.

정권이 바뀔 때마다 연구방향이 바뀌어 깊이 있는 연구를 할 수 없고, 정부가 너무 조급하게 연구결과를 원하므로 정말 가치 있는 원천기술연구는 할 수 없다는 것을 잘 알기 때문이었습니다. 또한, 기대되는 연구성과를 부풀리지 않으면 연구과제를 확보하기가 어려운 것을 설명했습니다.

연구기관 자율성 제고를 위해 도입한 연구회도 제 역할을 하지 못하므로, 셋째에게 정부출연 연구기관에서는 보람을 느낄 수 없다고 했습니다.

둘째 형의 의대 진학은 반대하고 왜 저에게는 의대 진학을 권유하는지 물었을 때, 의사도 연구할 수 있고 너에게는 사랑, 희생, 친절 정신이 충만하므로 훌륭한 의사가 될 수 있다는 것을 확신하기 때문으로 대답했습니다. 의사는 치료를 잘하는 것도 중요하지만, 환자를 내 가족처럼 여기는 사랑과 친절도 중요하다는 것을 말했습니다.

셋째는 저의 의견에 따라 의학전문대학원에 진학하기로 했습니다.

사실 셋째는 불평이 없고 화도 잘 내지 않으며 모든 사람을 사랑하는 크리스천의 본보기라고 속으로 늘 생각했습니다. 대학을 졸업하고 집으로 보내온 셋째의 짐을 정리하다가 예수 제자운동 부설 디모데 훈련학교 훈련과정 졸업장과 로마서 연구 과정 수료증을 보았습니다.

여름방학 때마다 동남아 국가에 자원봉사를 가길 원했으나 허락하지 않았습니다. 셋째의 모든 의견을 존중했으나, 부모로서 자녀의 휴식과 건강 및 안전을 생각하지 않을 수 없었기 때문입니다.

의학전문대학원 시절

학교생활이 바쁜 중에서도, 교회의 각종 활동과 피아노, 사진, 기독교 동아리 활동에도 열심히 참여한 것으로 알고 있습니다.

2학년 가을 무렵에 의학 공부가 어떤지 물어보니, 한 번도 공부가 힘들다는 소리를 하지 않던 셋째가 암기할 것이 너무 많아 힘들다고 했습니다. 처음으로 공부가 힘들다는 이야기를 들어서 마음이 아팠습니다. 공부를 좋아하는 셋째에게는 의사의 길도 힘들지 않을 것 같아 의전을 권유했기 때문입니다.

셋째에게 평상시에 말한 대로 의사는 희생, 사랑, 봉사, 친절이 중요하므로 학교성적에 너무 신경을 쓰지 말라는 말밖에는 해줄 수 없었습니다. 중학교 때, 아빠가 일찍 직장을 그만두면, 네가 알아서 공부해야 한다고 농담 삼아 말했을 때, 알아서 할 수 있으니 걱정하지 말라고 하던 말이 떠올랐습니다. 사실 셋째는 고등학교 때와 대학교 때에 교내외의 성적 우수 장학금을 받았으므로 학비가 거의 들지 않았습니다. 서울대학교 자유전공학부를 수석으로 졸업하고 현재 서울대학교 의학전문대학원 3학년에 재학 중입니다.

VI

권언

사교육 열풍에 흔들리지 않는
용기 있는 부모님이 되었으면 좋겠습니다

저는 교육분야의 전문가가 아닙니다.

이 세상 어느 부모님들과 똑같이 자녀들을 잘 키우기 위해 고민하고 노력한 평범한 아버지일 뿐입니다.

그러나 차이점이 있다면 저는 이 사회와 주변의 사교육 열풍에 흔들리지 않는 용기를 가졌습니다. 저의 교육관대로 자율적 공부, 다독 장려, 합리적 칭찬과 꾸중, 진정한 위로와 용기 부여, 원활한 소통, 인성 교육을 위해 노력한 아버지입니다.

특히 세 아들의 인성 교육에 힘썼습니다. 세 아들이 이 사회 곳곳에서 독버섯처럼 번지고 있는 불의와 부정부패에 오

염되지 않고, 양심에 순응하고 정의를 추구하며 살아가게
하기 위해서는 인성 교육이 중요했기 때문입니다.

부모 입장에서 현재까지 세 아들이 올바르게 자랐다고 여
기고, 세 아들이 각자 선택한 직업에 만족하기 때문에 저는
세 아들의 교육에 성공했다고 말씀드리고 싶습니다.

따라서 저의 교육방법이 사랑하는 자녀들의 교육에 큰 도
움이 돼고, 귀 자녀가 우리 사회에 꼭 필요한 올바른 사람으
로 성장하는 데 도움이 되었으면 합니다.